세상에서
가장 쉬운
사찰과
불탑 이야기

세상에서
가장 쉬운

자현 지음

사찰과

불교문화의 유래와 변천

불탑 이야기

담앤북스

히말라야에서 만난
암모나이트 화석과 불교문화사 읽기

세계 최고의 고지대를 자랑하는 히말라야. 이곳에 가면, 흥미롭게도 사람들이 길거리에서 암모나이트 화석과 바위 소금 즉 암염岩鹽을 기념품으로 파는 것을 볼 수 있다. 3,000m가 넘는 고지에 웬 화석과 소금? 아, 맞다! 여기가 아득한 옛날, 인도판이 충돌하면서 융기한 바다였지!

"뽕나무 밭이 바다로 바뀐다."는 말인 상전벽해桑田碧海. 이 상전벽해의 반대가 바로 히말라야에 실제로 존재하는 것이다. 이러한 대변화가 어찌 하루아침에 이루어졌으리오! 또 그 사이에는 얼마나 무수한 사연이 있었겠는가!

우리나라 사람들은 사찰 하면 으레 산에 있겠거니 생각한다. 또 "절은 산에 있어야 제맛"이라고 말하는 분들도 더러 봤다. 실제로 유네스코에서는 2018년, '산사, 한국의 산지 승원'이라는 이름으로 우리나라의 대표 사찰 7곳을 지정했다. 즉 한국불교를 대표하는 사찰은 '산사'인 것이다.

그러나 붓다 당시, 사원 안에서 음식 조리는 금지됐다. 이로 인해 승려들은 마을로 내려가 탁발(걸식)을 통해 음식을 조달했다. 만일 사찰이 산에 있는 산사라면 이것이 가능할까?

해인사에서 마을까지 음식을 구하기 위해 오간다? 거리를 고려한다면, 생각만 해도 절로 한숨이 나오는 상황이다. 특히 인도불교에서는 낮 12시가 넘으면 음식을 먹을 수 없는 조항(계율)이 있다는 점에서 더욱 그렇다. 즉 여기에도 수천 년을 흐르며 변모한 지~인~기~한 상전벽해의 스토리가 존재하는 것이다.

탑은 또 어떤가? 과거에는 탑이 말 그대로 TOP이었다. 그러다 어느 날 탑은 불상에게 자리를 내주고, 대웅전 앞마당의 석조 장식처럼 초라한 신세로 은퇴하게 된다. "부자는 망해도 3대는 간다."는데, 탑의 영광은 과연 일격에 무너졌을까? 탑과 불상 간의 뺏고 뺏기는 주도권 다툼에는 과연 어떤 지~인~기~한 역사가 숨겨져 있을까.

책장을 펼치면, 여러분은 2,500년 불교문화의 거대한 파노라마 속으로 뛰어들게 된다. 그리고 마지막 장을 덮으면, '무릎을 탁 치는 기분 좋은 인문학 기행'에서 미소 짓게 될 것이다. 물론 그 사이사이에는 붓다의 행복한 가피가 존재한다. 이 낭만적인 불교 산책으로 우리 모두 떠나 보도록 하자.

빗방울이 그리워지는 따스한 계절에
일우자현 필

차 례

I. 절이란?

II. 탑이란?

Ⅲ. 절과 탑의 결합

Ⅳ. 전각이란?

I

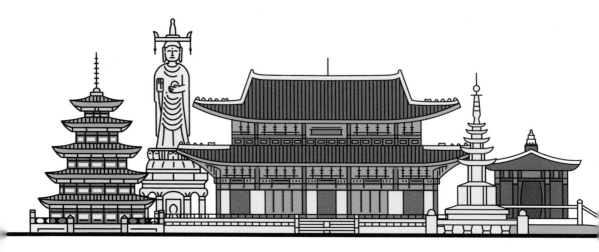

절이란?

――

절의 유래

1.
절이 있기 이전의 불교

① 모든 집착을 벗어던지는 문화

우리는 승려들은 당연히 절에서 산다고 생각하기 쉽다. 그러나 불교가 시작된 초기에 절은 없었다. 인도는 무더운 아열대성 기후이기 때문에 의·식·주 중 주거의 비중이 상대적으로 낮다. 즉 무더위로 인해 집의 필연성이 굳이 존재하지 않는 것이다. 집을 버리고 집착을 여읜 수행자의 삶을 선택한 상황에서, 절이란 또 다른 모습의 변형된 집일 수 있게 된다. 이런 점에서 인도의 수행자들은 별도의 수행처 없이 숲속에 머물거나 유랑생활을 하며 명상을 했다. 붓다 역시 초기에는 이와 같은 방식을 취하게 된다.

출가 과정에서 승려는 최소의 룰을 고지받는다. 이를 4의四依(혹 4의지)라고 하는데, 각각 ❶ 걸식乞食(탁발)−음식 ❷ 분소의糞掃衣(누더기)−의복 ❸ 수하좌樹下座(나무 아래 야외에서의 정좌 취침)−주거 ❹ 부란약腐爛藥(최저의 치료약)이다. 이 중 ❸은 노숙을 의미한다. 불교와 동시대에 발생한 자이나교는 오늘날까지도 공의파空衣派(허공을 입은 집단) 즉 나체파가 주류이다. 힌두교의 시바파에도 나체파가 존재하는데, 이와 같은 측면이 가능한 것은 인도의 무더운 기후와 무소유의

아잔타석굴의 자이나교 조각상. 나체로 묘사되는 것이 특징이다.

큰 나무 아래에서의 취침, 수하좌

전통 때문이다.

② 수행공동체의 필연성 대두

붓다의 깨달음과 가르침은 삽시간에 들불처럼 확산되며 많은 사람들로 하여금 승려가 되도록 한다. 즉 수행공동체가 저절로 만들어진 것이다. 이때 불교를 후원하는 국왕이나 귀족들이 공동체가 머물 수 있는 건물을 기진寄進하는 일이 있었는데, 이렇게 시작되는 것이 절 즉 사원이다. 실제로 불교 최초의 사원인 죽림정사는 붓다의 가르침에 감동한 마가다국의 빔비사라왕이 붓다를 가까이 모시기 위해 만든 60채의 건물에서 비롯된다.

불교는 '집착의 여읨이라는 측면'과 '수행 생활의 효율성'이라는 두 가지 중 후자의 입장을 취하고 있다. 불교에서는 개인수행보다는 집단수행을 강조한다. 한자의 승가僧伽로 음역되는 원어 상가saṃgha는 '단체'라는 의미인데, 정확하게는 최소 4명부터의 집단을 가리킨다. 수행에서 집단생활이 강조되는 것은 서로 간에 문제점을 바로잡아 주고 안정된 수행에 매진할 수 있도록 하는 수행의 효율성을 강조하기 위함이다. 사실 승려僧侶라는 말도 집단을 의미하는 승가의 축약인 '승僧'과 복수(여럿)를 의미하는 '여侶'가 결합된 말이다. 즉 불교에는 초기부터 수행집단의 의미가 강하게 온축되어 있는 것이다.

이 때문에 붓다는 화합승을 강조한다. 화합승이란 '더불어 행복한 것'을 의미하며, 좀 더 구체적으로는 자신이 속해 있는 사찰과 같은 거주집단(현전승가) 안에서 뜻이 만장일치가 되는 것을 의미한다. 즉 불교 교단은 뜻이 맞는 편안한

인도 측 카필라 바스투인 피프리하와의 승원 유적

사람들끼리 모인 수행공동체이다. 그리고 절이란, 이들의 수행 효율성을 증대시키기 위한 기본적인 주거 시설이라고 하겠다.

인도 사원의 주거 형태는 1인실 혹은 2인실 구조로 되어 있다. 이는 인도의 개인주의 문화를 반영한 것으로 동아시아의 대방 문화, 즉 큰 방에 여러 사람이 합숙하는 구조와는 완전히 다르다. 동아시아는 '우리'라는 말에서 단적으로 알 수 있듯이 집단성이 강조되는 문화를 구축하고 있다. 물론 오늘날에는 동아시아 역시 급격한 개인주의로 변모하고 있다.

마가다국 왕사성 영축산의 여래향실

③ 절 이전 승려의 거주 형태

절이 만들어지기 이전 승려들의 주거 형태로 주목되는 것이 석굴이다. 붓다가 주로 활동했던 마가다국의 왕사성에 위치한 영축산에는 현재까지도 다수의 천연석굴군이 존재한다. 이 석굴들은 바위산에 따른 자연적인 형태를 기본으로, 흙을 파내거나 바닥을 편평하게 한 깊이 3~4m 정도의 것들이다.

영축산에는 오늘날까지 붓다의 수제자인 '사리불의 석굴'과 같은 이름으로 불리는 것들이 여럿 있다. 이곳에서 수행한 분이 어찌 사리불뿐이었겠는가? 붓

영축산에 산재한 석굴들

다와 아난 또는 목건련도 이와 같은 수행처에서 수행했을 것이며, 이후로도 많은 수행자의 자취가 이곳에 서려 있을 것이다.

수행자들이 석굴을 좋아하는 이유는 일단 시원하고 새벽이슬을 피할 수 있기 때문이다. 여기에 명상을 방해하는 강렬한 햇빛으로부터 벗어날 수 있다는 점 역시 한몫을 한다. 이 때문에 이후 불교가 발전하게 되면서, 기원후에는 인도의 데칸고원 지방에 아잔타석굴과 엘로라석굴을 대표로 하는 100곳이 넘는 대규모의 석굴군이 개착되기에 이른다. 물론 이는 모두 인공석굴들이다. 천연석굴은 산이어야 가능하다. 그러나 인도는 평야가 대부분이라서 석굴을 찾기가 쉽지 않다. 이로 인해 절이 갖추어지지 않았을 때 승려들은 수하좌樹下坐와 노좌露坐 같은 방식을 택했다.

수하좌는 나무 밑을 의미하고, 노좌는 길옆을 가리킨다. 즉 나무 아래와 길가에서 명상하며 유숙하는 방식이었던 것이다. 그런데 이렇게 개방된 곳에서는 누워서 잘 수 없기 때문에 '좌坐' 즉 앉아서 명상하는 것으로 휴식을 취하게 된다. 즉 자유로운 보헤미안이 되어 정처 없이 떠돌아다니며 수행했던 것이다. 수하좌는 나무 그늘이 있어 뜨거운 햇빛과 이슬을 가릴 수 있다는 점에서 보다 좋은 장소가 된다.

정리하자면, 절이 나타나기 이전 승려가 선호하던 주거공간은 '석굴 → 수하좌 → 노좌' 순이었다고 하겠다.

아잔타석굴 전경

아잔타석굴 위치도(전체가 불교 석굴임)

Ⅰ. 절이란?

엘로라석굴 중 카일라사나타사원 전경

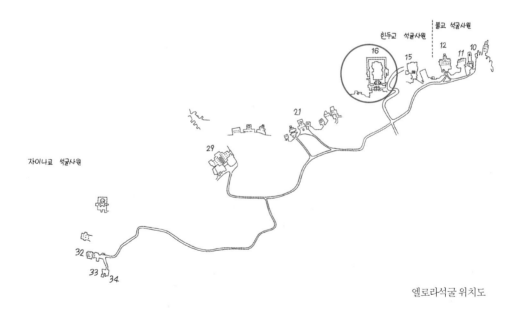

엘로라석굴 위치도

1. 절이 있기 이전의 불교

2.
절을 가리키는 다양한 명칭과 의미

① 절에 대한 다양한 명칭들

우리나라에서는 '붓다에 대한 예경전각殿閣'과 '승려들의 거주 공간요사채'을 합한 '절'이 가장 일반화된 명칭이다. 이것은 마치 우리의 주거 시설을 '집'으로 부르는 것과 유사하다.

그러나 집이라는 개념 안에는, 단독주택·전원주택·다세대주택·아파트·빌라·원룸 등 형태와 용도에 따른 다양한 명칭의 주거 형태가 존재한다. 절 역시 마찬가지이다. 절이라는 개념 안에는 다양한 용도와 형태의 구조 시설이 존재하고 있다. 그러나 후대로 가면 다양한 명칭에도 불구하고, 실제로는 여러 장점을 결합하여 유사하고 복합적인 양상을 띠게 된다.

② 인도불교의 절에 대한 명칭

인도불교의 최초 사찰은 죽림정사竹林精舍이다. 죽림정사는 '대나무 숲에 세워진 노력하는 수행자가 사는 곳'이라는 의미이다. 즉 정사精舍란 절이라는 의미

죽림정사의 대나무

2. 절을 가리키는 다양한 명칭과 의미

이며, 정사 앞의 명칭이 특정한 사찰을 지칭하는 고유명사에 해당하는 셈이다.

정사의 명칭은 크게 세 가지로 구분할 수 있다.

첫째는 정사가 위치하고 있는 장소에 따른 것이다. 가장 많은 것은 숲의 명칭을 따른 죽림정사·계림정사鷄林精舍·총림정사叢林精舍·송림정사松林精舍와 같은 것들이다. 또 왕원정사王園精舍·미원정사美園精舍처럼 정사가 위치하고 있는 동산의 명칭을 딴 곳도 있으며, 백산정사白山精舍·방산정사方山精舍처럼 산의 이름을 차용한 경우도 확인된다. 인도는 평야 지대가 많고 산이 적기 때문에 산의 명칭을 딴 정사는 상대적으로 적다. 이는 우리나라가 산이 많은 환경으로 인해 산의 명칭을 사찰명으로 차용하거나, 사찰명 앞에 산 이름을 넣는 것과는 다르다.

둘째는 기증자의 이름을 딴 것으로, 기원정사혹 기타정사耆陀精舍·비사겁모정사毘舍怯母精舍 등이다.

마지막 셋째는 기타에 해당하는 특수한 명칭을 사용하는 경우이다. 예컨대 광야정사曠野精舍나 온천정사溫泉精舍 등은 특수한 주변 환경을 차용한 경우이다. 광야정사는 주변이 광야라는 의미이며, 온천정사는 온천지구에 정사가 위치하고 있다는 것을 뜻한다. 또 계작정사鷄雀精舍는 당시에 숭배되던 동물과 관련된 명칭이다. 닭은 새벽을 알려서 삿된 것을 물리치는 동물이며, 공작은 인도를 상징하는 새로 인도의 왕조나 왕가에서 이를 차용하는 경우가 많다. 그러므로 계작정사 같은 명칭이 사용되는 것이다. 이외에 편안하다는 의미의 염정사恬精舍와 수승하다는 뜻의 승정사勝精舍 그리고 산란하지 않다는 의미의 불란정사不亂精舍 등 다양한 명칭이 살펴진다.

코살라국 사위성의 기원정사 전경

2. 절을 가리키는 다양한 명칭과 의미

정사의 원어는 크게 세 종류가 확인된다.

첫째는 '동산'을 의미하는 아람마ārāma인 경우로, 이것이 가장 많다. 이는 당시 선호되던 사찰지가 잔잔한 개울이 있는 숲속의 동산이라는 것을 의미한다. 인도는 평야 지대가 많기 때문에 숲이라고 하더라도 그것이 곧 산속의 숲을 가리키는 것이 아니다. 이는 죽림정사가 대나무 동산인 죽원정사竹園精舍로 불리는 것을 통해서 분명해진다.

둘째는 '승려들의 거주처로서의 동산'을 의미하는 승가람마saṃghārāma이다. 승가람마는 승려를 뜻하는 '승가'라는 말에, 동산이라는 의미의 '아람마'를 더한 합성어(승가+아람마)이다. 이 승가람마가 중국에서 첫 글자와 마지막 글자를 떼어 내고 축약된 것이, 바로 절을 가리키는 또 다른 명칭인 '가람伽藍'이다. 음역된 단어의 중간 글자만 사용한다는 것은 매우 비상식적이다. 그러나 중국 불교에는 이러한 웃지 못할 무대포식 언어 축약이 많이 나타난다. 이는 여러 지역과 당시 사회적 특징이 반영된 특수성에 따른 것으로, 오늘날의 관점에서 보면 그저 흥미롭기만 하다. 가람은 우리말에서는 강을 가리킨다. 그래서 가람이라는 명칭은 우리에게 더욱 멋스러운 정취로 다가오곤 한다.

마지막 셋째는 예배 공간이 없는 승려들의 주거처로서 승원의 의미인 비하라vihāra이다. 비하라는 후대에 탑을 모신 예배형의 탑원을 지칭하는 차이티야caitya와 함께 인도불교에서는 절을 대표하는 명칭으로 사용된다. 이로 인하여 현재 불교 유적지가 많은 지역을 인도에서는 비하르주라고 하는데, 이는 비하라에서 차용된 명칭으로 번역하면 절주라고 하겠다.

여러 이름의 정사와, 정사로 번역되는 세 가지 인도 용어가 인도에서 절을

오랑가바드에 위치한 나식석굴의 차이티야석굴 모습

나란다대학의 비하라 승방 전경

2. 절을 가리키는 다양한 명칭과 의미

나타내는 대표적인 명칭이다. 또 이 명칭들을 통해서, 절은 동산이나 숲에 의지해 소박하게 시작되어 비하라와 차이티야와 같은 용도 분화를 거치면서 발전했다는 것을 알 수 있다. 그리고 이를 대표하는 번역어가 '정사'라고 하겠다.

③ 중국불교의 절에 대한 명칭

인도불교의 절을 대표하는 번역어인 정사는 중국으로 넘어와서는 '사寺'라는 말로 신속하게 대체된다. '시'는 홍로시鴻臚寺라는 관청에서 유래된 명칭이다. 寺는 현재는 사 발음으로 일반화되어 있지만, 이 글자는 본래 관청을 나타내는 시 발음의 글자였다. 실제로 한자사전에도 寺는 '절 사, 관청 시'라고 되어 있다.

중국불교의 최초 전래자인 가섭마등과 축법란스님이, 당시 후한의 수도인 낙양으로 와서 머물게 된 곳이 오늘날의 영빈관에 해당하는 홍로시였다. 이곳이 이후 중국 최초의 사찰인 백마사로 바뀌게 되면서, 관청이라는 뜻을 지우기 위해 '시'를 '사'라는 발음으로 바꾸게 된 것이 중국불교에서는 급속히 일반화된다. 즉 '시'에서 '사'로의 변화인 것이다.

이후 사寺는 사원寺院이나 사찰寺刹이라는 명칭으로도 전환된다.

사원이란, 절의 중심 전각 주위로 회랑 식의 담을 두른 절을 말한다. 절에 회랑 식의 담을 두르는 이유는 세 가지이다.

첫째는 인도문화에 따른 것으로, 아열대기후의 인도에서는 3개월간의 우기가 있고 또 무더울 때는 햇빛이 매우 강렬하다. 이러한 자연조건을 피하기 위해 회랑 식의 담을 두르는 유풍이 중국에까지 전해졌다.

중국 낙양의 백마사(홍로시) 전경

2. 절을 가리키는 다양한 명칭과 의미

백마사의 가섭마등상

백마사의 축법란상

백마사 입구에 위치한 가섭마등 비석과 무덤

백마사 입구에 위치한 축법란 비석과 무덤

둘째는 절이 도심에 있다 보니 경계를 나눠서 권위를 확보하기 위함이다. 우리나라에 현재 존재하는 사찰들은 대부분 산에 위치한 산사山寺이기 때문에 경계를 나눠야 할 필요가 없다. 그러나 과거 불교가 번성했을 때는 도심 한가운데 사찰이 위치해 있었고, 성聖과 속俗을 분리하고 권위를 확보하기 위해 회랑 식의 담은 필연적이었다.

마지막 셋째는 중국에서는 절이 황궁과 유사한 건축 구조를 가진다는 점이다. 붓다는 성인이기 때문에 중국인들의 전통 관점인 성인과 군주를 대등하게 보는 성인군주론聖人君主論에 입각하면, 붓다는 황제와 같은 위계를 갖는다. 이로 인해서 절은 황궁과 유사한 구조의 가람배치 양상을 확보하게 되는데, 마찬가지로 회랑 식의 담도 둘러쳐지게 되는 것이다.

다음으로 사찰이란, 깃발을 세워 신성한 장소라는 점을 표시한 절이라는 의미이다. 인도에는 정사나 탑 앞에 신성함을 표시하는 방식으로 당·번과 같은 깃발을 줄지어 쭉 세워 놓는 문화가 있다. 이것은 불교에 앞선 유목문화 전통에 입각한 것이다. 그래서 중국 사찰에도 당간이라는 깃발문화가 수용되는데, 이러한 측면을 강조한 표현이 바로 사찰이라는 명칭이다.

이외에 중국의 핵심 지역인 장안과 낙양이 속하는 관중 지역은 100m가 넘는 두꺼운 황토층으로 구성된 지층인 반면 강우량은 적다. 그래서 이 지역에서는 요동窯洞이라는 굴집을 파고 생활하는 동굴식 주거 형태가 발전하게 된다. 이런 명칭을 차용해서 작은 수행처를 뜻하는 표현이 바로 토굴이다. 또 산에는 풀을 이어서 작은 수행처를 만들기도 하는데, 이를 풀로 이은 초막집이라고 해서 암자庵子(혹 암자菴子)라고 한다.

인도불교의 정사精舍가 중국불교에서는 사寺가 된다. 그리고 이러한 명칭은 우리나라로 전해져서는 절로 바뀌게 된다. 절이란 절하는 집이라는 의미이다. 즉 인도에서부터 불교를 타고 온 예법인 절이 당시에는 매우 특이하게 받아들여져, '절을 하는 집'이라는 의미에서 그 장소를 '절'이라고 칭하게 된 것이다.

절이라는 명칭의 기원과 관련해서는 사찰이 간절하고 절절한 기원과 염원의 종교 시설이라는 점과, 또 신라에 최초로 불교를 전파한 고구려 승려 아도阿道가 지금의 구미선산 도리사桃李寺가 위치해 있는 신도 '모례毛禮의 집'에 살았기 때문이라고도 한다. 모례는 후에 한자로 바뀐 이름으로, 신라의 방언으로는 모례가 털례인데 이 털례가 음이 바뀌어 '털례 → 철례 → 절례 → 절'이 되었다는 주장이다. 즉 모례의 집이 최초의 절이었기 때문에 집 주인의 이름이 변형되어 절이 되었다는 말이다.

서안의 종남산 화엄사 앞의 요동

도리사에 남아 있는 〈아도화상사적비〉에는 아도화상이 신라에 불교를 전한 내용이 기록되어 있다.

2. 절을 가리키는 다양한 명칭과 의미

현재도 남아 있는 왕사성의 성벽 유적

왕사성의 도로 유적. 마차의 바퀴 자국이 깊게 파여 있다.

Ⅰ. 절이란?

3.
인도 절의 시작과 발전

① 죽림정사와 영축산

붓다 당시 인도는 여러 나라로 분열되어 있었고, 그중 유력한 곳은 마가다국의 왕사성과 코살라국의 사위성 그리고 리차비족과 밧지족의 연합국가인 바이샬리였다. 불교는 이 세 곳에 모두 중요한 거점을 확보하면서, 도시를 바탕으로 빠르게 세력을 확장하게 된다.

이 중 붓다가 가장 관심을 기울인 곳은 왕사성이다. 붓다는 왕사성 인근에서 오랜 수행 생활을 했고, 이후 깨달음을 얻게 되는 곳인 부다가야 역시 왕사성과 인접한 지역이다. 또 초기 교화에 역점을 둔 지역도 왕사성이다. 이런 점에서 불교 최초의 사찰인 죽림정사가 왕사성에 위치하는 것은 어찌 보면 당연하다고 하겠다.

죽림정사는 죽원竹園 즉 대나무숲이다. 이 대밭의 주인은 가란타장자였는데, 원래는 자이나교 교단에 이 죽원을 보시했다. 그러나 이들의 행태가 마음에 들지 않자 이를 환수해서, 당시 한창 떠오르던 붓다에게 다시금 보시하게 된다. 그래서 죽림정사를 가란타죽원이라고도 한다.

마가다국 왕사성의 죽림정사 전경

ⅠI . 절이란?

영축산의 독수리 바위

영축산 정상의 여래향실

3. 인도 절의 시작과 발전

이곳에 빔비사라왕이 60채의 건물을 짓게 되면서 죽림정사가 완성된다. 빔비사라왕은 마가다국이 강대국이 되는 토대를 확립한 군주로, 최후까지도 붓다를 존경한 가장 불교적인 인물이다. 이 죽림정사에서 붓다의 수제자인 사리불과 목건련이 출가하여 제자가 되는 사건이 발생한다.

죽림정사 외에 왕사성의 불교 거점으로 주목되는 곳은 영축산이다. 영축산은 '신령한 독수리 산'이라는 의미인데, 왕사성을 대표하는 영산靈山이다. 이런 이름이 붙은 것과 관련해서는 두 가지 설이 있다. 첫째는 정상에 독수리 바위가 있기 때문이라는 것이고, 둘째는 이 산에 독수리가 살기 때문이라고도 하다.

영축산에는 앞서 언급한 천연 바위동굴들 외에도 산 정상에 인위적으로 터를 다듬은 설법대가 있다. 이를 여래향실如來香室이라고 하는데, 붓다와 제자들 간의 많은 가르침이 이곳에서 전개된다. 훗날 대승불교에서는 『묘법연화경법화경』의 설법 장소로 유명하다.

② 기원정사와 녹자모강당

붓다 당시 최대·최고의 사찰은 단연 사위성의 기원정사이다. 기원정사祇園精舍는 기수급고독원祇樹給孤獨園이라고도 하는데, '기수'와 '급고독'이 결합된 명칭이다. 여기에서 기수는 당시 사위국 기타태자의 동산이라는 의미이며, 급고독은 '외로운 이를 돕는다'는 뜻으로 당시 인도의 최고 재벌이었던 수닷타장자의 별명이다. 즉 기원정사는 '기타태자 동산의 정사'라는 의미이다.

사위성의 급고독장자 스투파

3. 인도 절의 시작과 발전

수닷타는 기원정사를 짓기 위해 땅에 금을 깔아 터를 매입한 후, 사리불의 공사 감독하에 당대 최고의 건축을 이루어 냈다. 『오분율五分律』 권25나 『비나야잡사毘奈耶雜事』 권17 등에 따르면, 기원정사에는 채색된 문과 경행처經行處·강당·온실溫室·요양실·식당·부엌·화당火堂·목욕탕·수각水閣·화장실과 여러 방사房舍들이 두루 갖추어져 있었다고 한다. 또 법현의 『불국기佛國記(고승법현전)』에는 중심 건물이 7층이었다는 기록도 있다. 붓다는 이곳에서 19~25년간 주석안거하였으며, 『금강경』을 비롯한 대다수의 경전을 설했다.

사위성에서 기원정사 다음으로 주목되는 곳은, 비사걸모정사毘舍佉母精舍 즉 녹자모강당鹿子母講堂이다. 이 절은 녹뉴鹿紐(Migajāla)의 어머니가 목건련의

기원정사의 여래향실. 7층 건물이 있었다고 한다.

감독하에 대강당을 중심에 두고 건축하였기 때문에 정사 대신 강당으로 불리기도 한다. 2층으로 된 500개의 방이 있었다고 전하는 거대한 정사이다.

③ 대림중각강당과 암바팔리동산

갠지스강 북쪽에 위치한 바이샬리를 대표하는 사찰은 대림중각강당이다. 이곳은 대림정사大林精舍로도 불리는데, 천연적인 원시림을 배경으로 사찰이 조성되었기 때문에 대림大林이라고 한 것이다. 그리고 중각강당이란 이 대림정사 안에 2층으로 된 거대한 강당이 존재했기 때문이다. 대림중각강당은 이 인근에서 원숭이 왕이 붓다에게 꿀을 바친 이적이 있었던 곳으로도 유명하다.

바이샬리에서 대림중각강당과 더불어 유명한 곳은 붓다가 열반을 3개월 남긴 시점에 기증받은 암바팔리동산이다. 암바팔리는 바이샬리에서 가장 성공한, 황진희 같은 기녀로 로비스트의 역할을 겸했던 인물이다. 이 암바팔리가 노년에 붓다를 만나 인생의 허망함을 직시하며 자신의 망고나무동산을 승원으로 전환한 것이 바로 암바팔리동산이다.

정사는 일반적으로 승려들이 수행하고 거주하는 공간이다. 그러나 정사가 때론 강당으로도 불린다는 점에서 당시 불교에서는 설법과 강론이 대단히 중요한 위치를 차지하고 있었음을 알 수 있다. 즉 수행과 설법이라는 두 날개를 갖춘 것이 불교였다는 사실을 사원의 명칭에서 잘 말해 주고 있다.

일반적으로 대림중각강당 터로 알려져 있는 곳에 위치한 아난의 반신탑 모습

4.
사찰의 위치와 탁발 문화

① 사찰은 산에 있는 것이 아니다

우리는 흔히 사찰 하면 산사를 연상하곤 한다. 그러나 이것은 불교의 일면이지 전체는 아니다. 불교는 두 가지를 핵심으로 하는데 그것은 '수행'과 '포교'이다. 이 중 산사는 수행에는 최적화되어 있지만 포교에는 부적합하다.

한국불교에서 산사가 발전하는 것은 통일신라 말기에 명상참선을 강조하는 선종禪宗이 들어오면서부터이다. 그 이전의 교종教宗은 대체로 도시를 중심으로 발전했다. 즉 '도시의 교종'과 '산사의 선종'이라는 두 사찰그룹이 존재했던 것이다. 물론 고려 중기부터는 선종이 교종을 압도하면서 도시에도 선종 사찰이 다수 포진하게 된다. 이런 상황에서 불교를 억압하는 조선이 들어서자, 도심 사찰들은 강제로 헐리게 된다. 그 결과 산사만 남게 된 것이며, 한국불교에서는 사찰 하면 자연스레 산사를 떠올리게 되는 것이다.

그러나 인도나 중국은 산이 적은 평야 지대의 국가이다 보니 산사가 일반적이지 않다. 즉 도시 사찰이 주류인 것이다. 그렇기 때문에 사찰의 영역을 분리하는 회랑 식의 담과 같은 요소가 필수인 사원 구조가 확립된다.

동아시아불교에 가장 널리 알려진 인도 사원은 나란다사원(Nālandā-saṃghārāma)이다. 나란다는 굽타왕조(320~550) 때인 5세기에 사크라디트야왕에 의해 창건된 사원으로 유적 지름만 약 10km에 달하며 전성기에는 1만 명의 승려가 사는 사원 도시였다. 나란다 외에도 인도불교에는 큰 절이 3곳 더 존재한다. 인도불교 최후의 최대 사원으로 팔라왕조(750~1174) 다르마팔라왕(재위 770~810)이 800년경에 건축한 비크라마시라사원(Vikramaśīla-saṃghārāma), 팔라왕조의 실질적인 건국 군주인 고팔라왕(재위 750~770)이 나란다에서 10km쯤 떨어진 곳에 건립한 오단타푸리사원(Odantapuri-saṃghārāma), 그리고 붓다가 깨달음을 얻은 마가다국 부다가야의 바즈라사나사원(Vajrāsana-saṃghārāma, 금강보좌사원金剛寶座寺院)이 있다. 이들 4대 사찰은 모두 평지에 위치하며, 현재 사원의 기능을 하고 있는 곳은 오늘날 마하보디대탑사로 불리는 금강보좌사원 한 곳뿐이다.

부다가야 금강보좌사원 전경

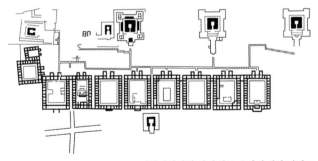

나란다사원의 현재 발굴 유적에 대한 평면도

4. 사찰의 위치와 탁발 문화

② 도시의 외곽에 위치했던 인도의 사찰

붓다 당시 절에서는 기근 등의 특수한 경우를 제외하고는 음식을 조리해 먹지 않았다. 인도의 무더운 기후는 농산물을 풍족하게 하는 동시에 조리된 식품의 저장은 불가능하게 한다. 이로 인해 인도 수행문화에는 탁발托鉢의 전통이 확립된다.

탁발이란, 점심 전에 수행자가 민가를 돌면서 음식을 공급받는 것을 말한다. 즉 인도 수행자는 일반 재가인에게 음식을 공급받아 생활하며, 조리해서는 먹지 않는다는 말이다. 이 탁발의 과정에서 수행자는 재가인에게 음식을 공급받는 대신 가르침을 설해 준다. 즉 물질 생산자와 정신 생산자 간의 등가교환이 이루어지는 것이 바로 탁발 행위이다. 이 탁발 과정에서 행해지는 가르침의 전달은 포교라는 불교의 목적 중 하나를 구현하는 것이기도 하다.

탁발은 정오 이전에만 허용된다. 즉 인도의 승려들은 낮 12시 이전에 한 끼만 먹는 것이다. 하루에 한 끼만 먹는다는 것이 오늘날의 관점에서는 놀라울 수도 있지만, 인류가 오늘날과 같이 세 끼를 먹는 것은 불과 100여 년 정도밖에 되지 않은, 비교적 최근에 생긴 문화일 뿐이다. 게다가 인도의 무더운 기후 조건이 음식의 섭취를 제한한다는 점을 고려할 필요가 있다. 즉 당시 육체노동을 하지 않는 수행자에게 '한 끼'는 어려운 일이 아닌 정당하고 보편적인 생활이었을 뿐이다.

붓다 역시 탁발 문화를 수용했기 때문에 절이 만들어진 이후에도 사찰 내에서 음식의 조리는 이루어지지 않았다. 사찰 내에서 음식을 만들기 위해서는

미얀마의 탁발하는 모습

라오스의 탁발하는 모습

4. 사찰의 위치와 탁발 문화

탁발 문화와 관련해서 흥미로운 것은 이것이 포교의 방법이었다는 점이다. 이 때문에 붓다는 탁발 시에는 위의威儀에 신경 쓰도록 대가사(승가리)를 착용하는 것을 법식으로 제정한다. 다종교의 각축장이었던 상황에서 승려들은 더욱 모범적으로 보일 필요가 있었던 것이다.

또 탁발은 승려와 민중이 직접적으로 접촉하는 통로이므로 불교에 대한 온도 차를 확인하는 것이 용이했다. 민중은 승려들의 생활 태도에 문제가 있으면, 탁발 시에 공양을 거부할 수 있었다. 이와 반대로 신도가 승려를 비방하는 등 문제를 일으키면, 승려 역시 그 사람의 공양을 차단(복발覆鉢)하는 것이 가능했다. 즉 탁발을 통해, 민중과 승단은 서로 교류하고 견제하면서 올바른 방향을 잃지 않도록 균형을 이루었던 것이다.

식자재를 공급·관리하고 음식을 장만하는 인들을 동반하게 되는데, 이는 수행자의 목적인 수행과는 동떨어진 별개의 일이다. 수행에 집중하기 위해서는 탁발이 더 타당하다고 판단했던 것이다.

우리는 붓다가 절이라는 집단 거주 시설을 용인하는 것은, 수행을 용이하게 하려는 부분에 제1의 목적이 있다는 사실에 주목할 필요가 있다. 절 안에서 음식을 장만하고 공급하는 것은 이러한 목적에 위배된다. 이런 점에서 초기불교는 철저하게 탁발에 의지하는 전통 속에 유지된다.

이러한 배경 때문에 붓다가 제시한 사찰의 입지 조건인 『사분율』「방사건도房舍犍度」 등에는 "마을과 멀어서도 안 되고 가까워서도 안 된다."는 내용이 등장한다. 그 이유는 너무 멀면 탁발에 어려움이 따르고, 가까우면 수행에 방해가 되기 때문이라는 것이다. 즉 붓다가 말하는 사찰의 위치는, 오늘날의 관점에서 본다면 도시의 외곽으로 조금 한적한 곳 정도라고 하겠다.

③ 붓다 당시에도 부엌은 있었다

붓다 당시 절에서 음식을 만들지는 않았지만, 그럼에도 부엌은 존재했다. 그러나 이 부엌은 실질적인 부엌이라기보다는 간이부엌으로, 이를 '정지淨地'라고 한다. 정지는 '깨끗한 땅'이라는 의미인데, 음식과 관련된 곳이므로 더럽혀지기 쉽고 또 위생과 관련해서 더럽혀져서는 안 되는 곳이기 때문에 '깨끗이 해야 할 곳'이라는 의미로 이해하면 되겠다.

직접 음식을 만들지 않았음에도 간이부엌이 존재했던 이유는 두 가지 때문이다.

첫째는 외부에서 탁발해 온 음식을 데치기 위해서이다. 인도는 무더운 기후 때문에 음식이 쉽게 상하는 일이 발생해 식중독의 우려가 있었다. 이 문제를 해결하기 위해 절에서는 음식을 데치는 과정을 거치게 되는데 이때 간이부엌이 필요하게 된다.

둘째는 절에서 아침에는 쌀뜨물과 같이 맑은 죽을 먹었기 때문이다. 불교 승단은 초기에는 정오 전에 한 끼만 먹는 것을 원칙으로 했다. 그러나 이후 나이 어린 사미승들이 출가하게 되면서, 이들이 배고픔을 견디지 못하자 맑은 죽을 먹는 것이 추가된다. 이 죽을 조리하는 시설 역시 간이부엌이었다.

죽 하면 일반적으로 된 죽을 연상할 수 있지만, 이때의 죽은 쌀뜨물과 같은 것이었다. 그렇기 때문에 정식 부엌까지는 필요 없이 간이부엌으로도 처리가 가능했던 것이다. 간이부엌을 정지라고 하는 것은 후일 불교문화를 타고서 우리나라까지 전해진다. 그래서 오늘날 경상도에서는 아직도 부엌을 '정지간'이라고 하는 경우가 있다. 그러나 정지와 부엌은 기능이 조금 다르다. 정지란 요즘으로 치면 편의점의 간이조리대 정도라고 이해될 수 있기 때문이다.

그러나 후대로 가면 불교가 종교로 발전하면서 거대한 사찰들이 만들어지게 된다. 이렇게 되면서, 간이부엌이 아닌 진짜 부엌이 절로 들어가게 된다. 부엌이 절로 들어간 시점을 파악하기는 쉽지 않다. 그러나 사원의 대규모화와 직접적으로 관련이 있고, 부엌이 들어오면서 사찰의 구조와 삶의 방식이 크게 변모하였을 것임은 틀림없다. 부엌의 존재는, 체계적인 후원자의 존재를 의미하는 동시에 탁발의 필연성이 사라졌다는 것을 뜻하기 때문이다. 또 부엌이 존재한다는 것은 절이 굳이 도시와 멀지 않은 곳에 위치할 필연성도 사라지게 한다. 즉 부엌의 사찰 진입 시점은 사찰의 구조와 생활문화에 엄청난 변화를 초래하게 된다.

④ 부엌의 약진과 대승불교의 관계

기원 전후에 시작되는 대승불교에서는 고기를 먹지 않는 불육식不肉食이 강조된다. 이는 음식에 대한 취사선택이 가능했다는 것을 의미한다. 이 즈음에는 이미 부엌에서 조리가 이루어지고 있었던 것이다. 즉 인도 사원에 부엌이 들어오는 시점은 늦어도 기원 이전이라는 말이다.

물론 부엌이 사원 안의 정식 시설이 되었다고 해서 탁발이 완전히 사라지진 않았다. 마치 유교가 사라지고도 우리가 제사를 지내는 것처럼 부엌을 통한 음식 조리와 탁발은 오랫동안 공존하며 지속되었을 것이다. 그러나 늦게 등장한 대승불교에서는 처음부터 부엌의 존재를 수용했고, 이는 승려의 음식 선택과 금지식을 가능하게 하는 배경으로 작용했음을 알 수 있다.

또 나란다사원 등을 생각해 보면 사원이 일정 규모 이상 커지면서 탁발은 불가능하게 된다는 점을 추론해 볼 수 있다. 1만 명의 승려가 탁발을 해서 낮 12시 이전에 음식 섭취를 마친다는 것은 상식적으로 불가능하기 때문이다. 실제로 『대당서역기大唐西域記』와 『자은전慈恩傳』을 보면, 현장법사가 나란다에서 수학할 때 사찰에서 음식을 제공받는 모습이 기록되어 있다. 즉 부엌이 사원 구조 속으로 들어오면서 탁발은 위축되는데, 여기에는 사찰의 규모와 든든한 후원자 및 후원 세력의 함의가 존재하고 있는 것이다.

한국불교는 기원 후 중국의 불교 전래가 재차 전파된 것이다. 그러므로 낭연히 부엌을 포함한 변화된 모습의 전통만을 받아들이게 된다. 또 여기에는 동아시아의 추운 기후로 인해 탁발 자체가 불가능한 측면도 존재한다. 실제로 동아시아에서 탁발은 청정한 수행이라기보다는 비속한 동냥과 같은 의미로 받아들여지곤 하였다. 즉 탁발을 이해하는 관점과 인식에서 큰 차이가 존재하는 것이다. 이는 동아시아에 탁발 문화가 정착될 수 없는 배경이 되었음에 틀림없다.

II

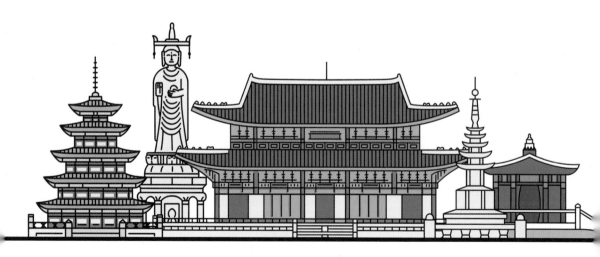

탑이란?

1.

탑의 명칭과 의미

① 탑의 기원과 불교적 수용

탑이란 인도말 스투파stūpa를 음역한 '탑파塔婆'가 '탑'으로 축약된 것이다. 원래의 의미는 상투와 정수리 같은 최상의 의미를 가지는데 이는 군주의 무덤으로 흙을 높게 쌓아 올린 봉분 형태토루土壘가 탑의 원형이기 때문이다.

이것이 화장 문화와 결합하여 일반화되는 것이 바로 탑이다. 즉 화장 때 발생하는 뼈를 넣고, 그 위에 흙을 쌓아 올려 추모의 기념물을 만든 것이 탑이다. 이로 인하여 탑의 뜻도 무덤과 사당祠堂의 의미로 전환된다. 이후 탑은 인도의 우기雨期를 견디는 과정에서 재료가 벽돌이나 돌로 변화하기에 이른다.

불교는 이러한 인도 문화의 탑 문화를 수용하여 불교식의 변화를 준다. 인도 문화에서는 일반인도 탑을 세우는 대상이 될 수 있었다. 그러나 불교에서는 깨달음을 얻은 수행자와 같은 최고급 인물만 탑을 세워서 기리도록 제한했다. 초기불교가 말하는 탑을 세울 수 있는 대상은 '붓다'와 '붓다의 제자로서 깨달음을 증득한 아라한' 그리고 '불교에서 말하는 이상적인 군주인 전륜성왕'의 세 부류뿐이었다.

붓다의 근본 8탑 중 하나로 알려져 있는 네팔의 랑그람탑
붓다의 외가 친족인 콜리족이 모신 탑이다.

붓다의 근본 8탑 중 하나로 알려져 있는 인도의 피프리하와탑
석가족이 모신 탑이다.

1. 탑의 명칭과 의미

불교에서는 탑을 세울 수 있는 대상이 신성한 인물로 제한되기 때문에 탑의 의미도 단순한 무덤이나 사당에서 변화하여 '공덕의 집합체'라거나 '위대한 장소'와 같은 뜻을 내포하게 된다. 즉 탑은 불교 이전의 인도 전통문화가 불교로 수용된 경우지만, 그 과정에서 불교적으로 변화하여 신성함의 의미를 지니게 되는 것이다.

② 붓다에 의한 불교탑의 형태

불교탑 하면 붓다의 열반과 화장다비 이후를 생각하게 마련이다. 그러나 붓다는 80세를 사셨기 때문에 붓다보다 나이 많은 제자들은 붓다에 앞서 열반에 들었다. 이때 붓다는 사리탑 만드는 일을 지시하시는데, 이는 불교탑의 양식에 대한 하나의 기준이 된다.

붓다의 수제자인 사리불과 목건련은 붓다보다 나이가 많은 인물로 붓다의 만년인 75~78세 무렵 열반에 든다. 『사분율』 권52에는 이때 신도들이 탑을 건립하기를 요청하자, 붓다는 돌이나 벽돌을 이용해서 4각형이나 8각형 또는 원형으로 만들 것을 지시한다. 또 여기에는 탑의 위쪽에 일산을 배치하고 4방향에는 당幢·번幡과 같은 장엄한 깃발을 설치하도록 하는 내용도 수록되어 있다.

일산은 인도가 무덥기 때문에 망자에게도 양산을 씌워 주는 문화에 의한 것으로 존귀함을 상징한다. 또 장엄 깃발은 이곳이 신성한 곳임을 표시하는 역할을 한다. 일산은 존귀한 분에 대한 존중의 의미로 3층으로 된 것이 일반화되

아소카왕이 건립한 인도 중부 보팔의 산치대탑. 상륜부에 3층의 일산이 확인된다.

스리랑카 아누라다푸라의 기원전 2세기에 건립된, 높이 112m의 루완벨리세야대탑

1. 탑의 명칭과 의미

네팔의 수도 카트만두에 위치한 부다나트대탑

탑돌이 길 등을 잘 갖추고 있는 산치대탑

Ⅱ. 탑이란?

며, 후대에는 13개까지 증대된다. 인도 문화권에서는 탑뿐만 아니라 불상에도 일산이 씌워진다.

붓다가 제시한 탑의 형태는, 이후 4각형 기단에 반원형의 봉분과 같은 형태가 올라가고 그 위에 일산이 놓이는 방식으로 정형화된다. 또 여기에 탑을 보호하고 예경 수단으로서의 탑돌이가 가능한 난간欄楯과 탑돌이 길인 요도가 만들어지며, 4방향에 맞춰 문이 갖춰지는 형태로 완성된다.

③ 기념탑으로서의 차이티야

탑에는 '무덤'과 '기념과 추모'의 두 가지 의미가 존재한다. 탑의 발생 초기에는 이 두 가지가 결합되어 있었다. 우리의 무덤 역시 무덤인 동시에 추모의 공간이기도 하다는 점을 생각하면 이해가 쉽다. 그러나 붓다의 시대로 오면 이미 분리된 모습이 확인된다. 오늘날 우리가 사용하는 탑의 의미 중 공업탑이나 수출탑과 같은 것은 기념탑을 뜻한다. 현대에도 '기념탑'과 불교를 통한 '사리탑과 같은 무덤'의 의미가 분리되어 있는 것이다.

불교에서는 사리가 들어 있는 탑을 스투파stūpa라고 하고 기념탑을 차이티야caitya라고 한다. 차이티야는 지제支提라고 번역되는데, 사리나 뼈영골靈骨를 봉안하지 않은 성소나 기념물의 의미이다. 즉 기념탑 정도로 이해하면 되겠다. 석굴사원에서 중앙의 예배 공간에 탑을 모신 형태 역시 차이티야라고 하는데, 여기에서 기인한 것이다.

불교에는 붓다의 탄생지를 기념하는 것과 같은 기념탑도 다수 존재하는데,

아잔타석굴의 탑원굴 차이티야

엘로라석굴의 탑원굴 차이티야

Ⅱ. **탑이란?**

부다가야의 마하보디대탑

1. 탑의 명칭과 의미

이런 탑이 바로 차이티야支提이다. 대표적인 곳이 부다가야의 바즈라사나사원
현재의 마하보디대탑사이다.

또 후대에 불교가 발전하게 되면서 붓다의 사리는 제한적이지만 탑의 수요
는 폭발적으로 증가하게 된다. 이때 사리탑을 대신해서 만들어지는 것이 차이
티야이다. 그러나 사리를 봉안하지 않으면 의미가 반감되기 때문에 진리의 정
수精髓 즉 '법신사리法身舍利'라고 해서 붓다의 가르침인 경전을 모셔 탑을 만들
기도 한다. 이는 사리탑인 스투파와 차이티야가 점차 혼합된다는 것을 의미한
다. 기원 전후 남인도의 탑 유적에는 이때 붓다 가르침의 핵심인 연기법을 게송
으로 축약한 '연기 게송'을 넣어서 봉안한 사례가 다수 발견된다.

연기 게송은 여러 초기경전에서 확인되는데 다음과 같다.

이것이 있으므로 저것이 있고[此有故彼有]
이것이 생기므로 저것이 생긴다[此起故彼起]
이것이 없으므로 저것도 없고[此無故彼無]
이것이 멸함으로 저것도 사라진다[此滅故彼滅]

이 연기 게송 봉안은 기원 전후까지 붓다 가르침의 핵심을 연기로 보았다
는 것을 분명히 해 준다. 또 연기 게송을 통한 법신사리의 개념 확립은 이후 석
가탑에서 발견된 『무구정광대다라니경無垢淨光大陀羅尼經(751년, 세계 최고最古의
목판 인쇄물)』이나 『보협인다라니경寶篋印陀羅尼經』 등의 조탑경전造塔經典, 즉 탑
을 조성하는 데 핵심이 되는 법신사리 경전의 발전으로 확대된다.

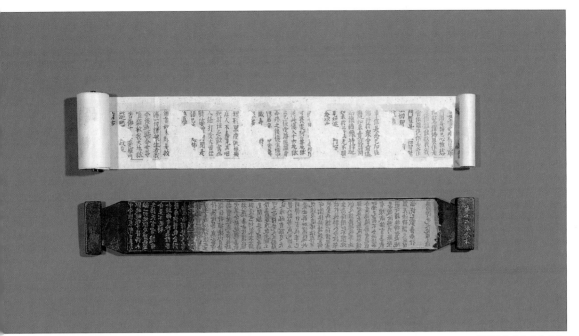

『무구정광대다라니경』

1. 탑의 명칭과 의미

2.
붓다 당시의 탑

① 손톱과 머리카락을 봉안한 탑

붓다의 탑이라고 하면 으레 붓다의 열반을 떠올리게 된다. 그러나 그것은 사리 탑일 뿐이다. 사리탑은 아니지만 붓다 재세 시에도 붓다의 탑이 존재하고 있었 다.

붓다탑과 관련해서 가장 이른 기록은 붓다가 부다가야에서 깨달음을 얻은 이후 14일 안에 이루어지는 제위提謂(Trapuṣa)와 파리波利(Bhallika)라는 대상무역 상인과의 만남에서 확인된다. 이들은 붓다에게 공양물을 올리며, 대상무역의 안전을 기원하는 의미로 수호할 수 있는 물건을 요청한다. 이때 붓다는 당신의 손톱과 머리카락을 주면서 이들이 안전하게 대상무역을 마칠 수 있도록 했다.

이후 이들은 대성공을 거두게 되는데, 이를 붓다의 가피에 의한 것으로 판 단했다. 그래서 고향인 서북인도의 발흐Balkh(현재의 아프가니스탄 발흐)에 붓다의 손톱과 머리카락을 봉안한 불탑을 세우게 된다. 이것을 손톱과 머리카락 탑이 라고 해서 조발탑爪髮塔이라고 한다.

후대의 문헌인 삼장법사 현장의 『대당서역기』 권1에는 붓다를 만난 제위

제위·파리는 깨침을 얻은 붓다에게 가장 먼저 가르침을 들은 분들이다. 이로 인해 중국불교에서는 이들의 권위를 빌리기 위해『제위파리경』이 만들어지기도 한다.

또 제위·파리가 공양을 올렸을 때, 붓다는 당시 이 공양물을 받을 발우를 가지고 있지 않았다. 붓다가 깨달음을 얻기 전에 가졌던 마지막 발우는 목장주의 딸인 수자타(선생녀善生女)가 공양 올린 우유죽과 함께 받은 발우였다. 그러나 붓다는 최후의 깨달음에 도전하는 선정에 이르기 전, 이 발우를 니련선하에 띄워 보낸다. 깨닫지 않으면 다시는 음식을 먹지 않겠다는 결연한 의지를 보인 것이다. 이로 인해 보리수 아래에서 깨달음을 성취한 붓다에게는 제위·파리의 공양을 받을 만한 발우가 없었다.

이때 사천왕이 나타나서 금발우 등을 바쳤으나 붓다는 마다하고 최후의 돌발우 4개를 받으신다. 그리고 이 돌발우 4개를 포개어 신통으로 하나로 만드신다. 이 '사천왕봉발四天王奉鉢'의 이야기는 후일 간다라미술의 주요한 소재가 되어, 관련된 다수의 작품을 남기는 계기가 된다.

사천왕봉발 부조. 2세기 전기
청흑색편암, 높이 23.2cm, 넓이 38cm
(파키스탄 주립 라호르박물관 소장)

사천왕봉발 부조. 간다라 3~4세기
회색편암, 45×59cm
(일본 히라야마이쿠오 컬렉션)

이외에도 제위·파리와 관련해서는 이들이 최초의 불탑을 건립한 곳이 미얀마 양곤의 쉐다곤파고다(높이 100m)라는 주장도 있다. 그러나 이는 현장의 기록에 의해 거짓임이 판명되었다. 즉 제위·파리라는 붓다의 최초 가르침을 들은 분들의 상징과 관련해서, 중국과 인도 그리고 미얀마까지 다양한 이야기를 만들어 내고 있는 것이다.

미얀마의 쉐다곤파고다. 높이 100m

와 파리가 탑을 어떻게 만들 것인지를 묻는 내용이 있다. 그러자 붓다는 네모나게 접은 가사 위에 대접 같은 발우를 엎고, 그 위에 지팡이석장錫杖를 세워서 보여 주며 이렇게 만들라고 했다고 한다.

그러나 대상무역에 성공하기 전에 탑부터 세울 것을 생각했다는 것은 이치에 맞지 않는다. 그러므로 이는 후대에 불교탑이 정형화된 것을 초기의 내용으로까지 소급하여 끌어올린 것으로 판단된다. 즉 이를 통해서도 불교탑의 정형은 네모난 기단에 반원형이 올라간 모습이라는 것을 알 수 있다.

② 휴대용 호신탑의 발생

조발탑이 붓다 당대에 만들어졌다는 내용은,『장아함경』권4에 "재세 시의 머리카락탑生時髮塔이 있었다."는 내용을 통해서도 확인된다. 그러나 조발탑 말고도 붓다 당시에는 호신탑도 있었다.

『사분율』권52에 따르면, 구바리瞿婆離라는 왕자 겸 장군이 있었는데 막상 전쟁에 나가려고 하자 두려웠다. 그래서 붓다를 찾아뵙고 호신물로 머리카락을 구하게 된다. 이후 구바리는 전쟁에서 대승을 거두게 되는데, 이를 기념해서 붓다의 머리카락을 모신 거대한 탑을 건립한다.

그런데 이 소문이 돌게 되자, 승려들까지 붓다의 머리카락을 요청하기에 이른다. 이로 인해 붓다의 머리카락을 호신물로 지니게 되는 것이 유행처럼 번지는데, 이 과정에서 머리카락을 모신 소형의 휴대용 탑이 만들어지게 된다. 즉 붓다의 조발손톱과 머리카락은 호신용에서 시작되어 실질적인 탑과 호신탑으로 나누어지게 되는 것이다. 이와 같은 탑들은 붓다 당시의 탑인 동시에 탑의 시원을 이루는 측면이라고 하겠다.

또 『사분율』의 기록에 따르면 탑을 건립하고 주위에 울타리가 없으니 방목된 소와 염소 등에 의한 피해가 있었다고 한다. 그래서 탑에 울타리를 치는데 이를 통해서, 난순난간이 만들어지기 이전에 보호용 울타리가 먼저 있었고 이것이 난순으로 변화된 것을 알 수 있다. 즉 난순은 가축에 의한 피해로부터 탑을 보호하는 것과 탑돌이를 통한 예경이라는 이중 목적을 가진다.

③ 붓다탑의 발생 순서

붓다 당시의 탑은 조발탑과 호신탑의 두 가지로 나누어 볼 수 있다. 이외에도 불교에는 붓다의 발우나 가사 및 지팡이 등을 모신 탑처럼 붓다가 사용하던 물품을 봉안한 탑도 존재한다. 이런 탑의 기원이 붓다 당시로까지 소급될 수 있을지는 의문이다. 왜냐하면 붓다 당대에 붓다의 물건을 통해서 멀리 떨어져 있는 붓다를 생각하고 떠올렸다는 것은 얼마든지 가능하다. 그러나 그것이 탑으로 만들어지기 위해서는 아무래도 붓다가 열반에 들어 불교가 종교화되는 과정을 거쳐야 했을 것으로 판단되기 때문이다.

붓다가 사용하던 물건이 성물화되는 것은 인도에서 가장 큰 탑인 케사리아의 발우탑이나 아잔타석굴 제26번 굴의 열반상 등의 부조에서 살펴볼 수 있다.

케사리아대탑은 붓다께서 바이샬리에서 마지막 하안거를 마치시고 열반길에 오르게 되자, 이를 슬퍼하며 따라오는 바이샬리 사람들에게 당신의 발우

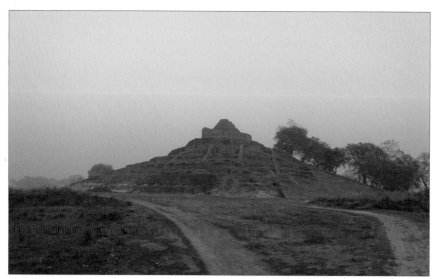

바이살리 사람들이 붓다의 발우를 모시고 쌓은 탑이라고 전해지는 케사리아대탑

아잔타석굴 제26굴의 와불(열반상). 기단에 붓다의 지팡이와 물병의 모습이 부조되어 있다.

를 준 것에서 유래한다. 붓다는 이후 3개월 뒤에 말라족의 땅 쿠시나가르에서 열반에 드신다. 그러므로 바이샬리 사람들이 발우를 받은 직후에 탑을 만든 것이 아니라면, 이를 붓다 재세 시의 탑으로 보기는 어렵다.

또 아잔타의 제26번 굴에는 인도를 대표하는 열반상이 부조되어 있다. 그런데 이 열반상의 기단에는 슬픔에 잠겨 있는 시자 아난의 모습과, 붓다의 지팡이와 물병이 함께 표현되어 있어 주목된다. 그리고 이를 통해서 우리는 당시 사람들의 성물에 대한 인식을 인지해 볼 수 있다. 그러나 붓다가 사용하던 성물을 봉안한 유품탑은 아무래도 붓다 당대보다는 열반 이후에 만들어진다고 보는 것이 타당하다. 즉 붓다의 탑은 '재세 시의 조발탑 → 열반 직후의 사리탑 → 유품탑' 순서라고 하겠다.

3.
붓다의 열반과 사리탑의 발생

① 붓다의 사리탑과 근본10탑

붓다는 80세에 말라족의 영토인 쿠시나가르에서 열반하신다. 이때를 동아시아 불교에서는 음력 2월 15일이라고 전하고 있다.

이후 붓다의 유해法軀는 시자인 아난에 의해서 입관되고, 수제자인 사리불과 목건련이 열반한 뒤 불교 교단의 최고 제자가 되는 마하가섭에 의해 화장茶毘된다. 이후 무수한 사리가 나오는데, 이 사리를 구하기 위해서 말라족을 제외한 일곱 나라의 국왕과 사절이 오게 된다. 이들 중 대표는 당시 최고 강대국인 마가다국 빔비사라왕의 아들인 아사세왕이다.

아사세왕은 회의를 통해서 말라족을 포함한 8개 나라가 붓다의 사리를 똑같이 나누어 모시기로 합의한다. 이렇게 해서 드로나香姓바라문이 병을 됫박으로 활용해서 붓다의 사리를 8등분하게 된다. 이때 승려들은 일절 관여하지 않았는데, 그 이유는 붓다가 유훈으로 승려들은 수행에 전념할 뿐 사리를 모셔서 탑을 만드는 것은 신도들의 몫으로 설정해 놓았기 때문이다.

통도사 영산전의 〈쌍림열반상도〉
붓다의 열반 및 화장과 사리 분배 등 다양한 내용을 확인해 볼 수 있다.

3. 붓다의 열반과 사리탑의 발생

『장아함경』권4의 「유행경遊行經」에 따르면, 아사세왕의 주도하에 8등분
된 사리는 각각의 나라인 ❶구시국拘尸國 ❷파바국波婆國 ❸차라국遮羅國 ❹라
마가국羅摩伽國 ❺비유제국毘留提國 ❻가비라국迦毘羅國 ❼비사리국毘舍離國
❽마가다국摩揭陁國에 탑으로 완성되기에 이른다. 이를 근본8탑이라고 한다.
여기에 드로나바라문이 사리를 분배한 병을 가지고 가서 탑을 만들었으니, 이
를 병탑이라고 한다. 또 여기에 늦게 도착한 모라족이 화장하고 남은 재를 모아
서 가져가 모라국車羅國(혹 필발라국)에 재탑회탑灰塔을 만들게 된다. 이를 합하여
근본10탑이라고 한다

바이샬리 근본8탑의 불사리 수납 공간

② 붓다를 기리는 8곳의 기념탑

사리탑인 근본8탑 이외에도 인도에는 붓다를 기리는 많은 탑이 있었다. 이 중 대표적인 탑이 『팔대영탑명호경八大靈塔名號經』에 등장하는 8곳의 신령한 탑인 8대 영탑이다. 8대 영탑이란, 붓다의 생애와 관련된 가장 중요한 유적지에 건립된 생애 기념탑 4곳과 대단한 신통을 보인 장소 4곳에 건립된 신통 기념탑 4곳이다. 즉 8대 영탑은 기본적으로는 기념탑 즉 차이티야이다. 그리고 이 중 바라나시와 쿠시나가르의 탑에는 사리도 봉안되어 있었다.

먼저 생애 기념탑 4곳은 ❶붓다의 탄생지인 룸비니에 세워진 기념탑 ❷깨달음을 성취한 부다가야에 건립된 기념탑 ❸처음으로 가르침을 설한 바라나시의 녹야원에 세워진 기념탑 ❹열반지인 쿠시나가르에 건립된 기념탑이다.

다음으로 신통 기념탑 4곳은 ❶마가다국 사위성에서 천 개의 분신을 나투고 천상에 올라가신 대신변大神變(천불화현千佛化現)을 보이신 것에 대한 기념탑 ❷승가시국상카시아의 곡녀성曲女城으로 천상에서 하강하신 것을 기리는 기념탑 ❸마가다국의 왕사성에서 술 취해서 돌진하는 코끼리를 조복시키고취상조복醉象調伏 분열된 승가를 화합시킨 것에 대한 기념탑 ❹바이샬리에서 수명을 거두고 3개월 뒤에 열반에 들 것을 확정하고 고지한 것을 기리는 기념탑인데 이곳은 수명을 자유로이 조절해서 죽음을 극복했다는 것을 천명하는 의미의 기념탑이다. 그러나 현재 ❸과 ❹의 기념탑 유적은 오랜 세월과 더불어 확인되지 않고 있다.

붓다의 탄생지인 네팔의 룸비니

붓다의 깨달음 장소인 마가다국의 부다가야

붓다의 첫 설법 장소인 바라나시의 녹야원

붓다의 열반 장소인 말라족의 쿠시나가르

3. 붓다의 열반과 사리탑의 발생

사위성의 천불화현 기념탑

승가시의 도리천 하강 기념탑

이러한 8대 영탑은 오늘날 인도의 불교 성지순례에서 8대 성지로 불리는 곳이다. 즉 8대 영탑에 의해서 8대 성지가 갖추어지는 것이다. 8대 성지 중 붓다의 생애와 관련된 4대 성지는 『장아함경』 권4 「유행경」 등에서도 확인되는 비교적 이른 시기의 내용이다. 이는 생애와 관련된 4대 성지가 먼저 만들어졌고, 이후에 신통의 4대 성지가 추가되었다는 것을 의미한다. 바로 이러한 성지의 확립과 관련해서 기념탑이 존재하고 있는 것이다. 이는 불교탑이 처음부터 사리탑과 기념탑의 두 가지 계통으로 존재했다는 것을 의미한다.

③ 붓다의 출가 기념탑

8대 영탑 외에도 현장의 『대당서역기』 권6에는 붓다가 출가한 장소를 기념하기 위해서 건립된 출가탑과, 처음으로 삭발한 것을 기념하는 삭발탑에 대한 내용이 있다. 즉 불교가 종교화되면서 8대 영탑 이외에도 붓다와 관련된 탑이 다수 존재했다는 것을 알 수 있다.

실제로 한국불교의 4대 기념일인 ❶부처님오신날(4월 8일) ❷출가재일(2월 8일) ❸성도재일(12월 8일) ❹열반재일(2월 15일)에는 붓다의 생애에서 중요시되는 녹야원의 첫 설법이 빠지고 출가일이 들어가 있다. 이는 8대 성지에는 들어가지 않지만, 붓다의 출가 역시 중요한 기념비적 사건이었다는 것을 의미한다. 이런 점에서 출가 기념탑은 8대 영탑과 더불어 최고의 위상을 확보하는 기념탑이었을 것으로 판단된다.

법주사 팔상전 내부의 〈설산수도상도〉 중 보검으로 머리카락을 자르는 모습

Ⅱ. 탑이란?

법주사 팔상전의 태자가 보검으로 머리카락을 자르는 모습의 상

3. 붓다의 열반과 사리탑의 발생

4.
탑의 위치와 건립 주체

① 4거리에 건립되는 붓다의 사리탑

인도 문화는 윤회론을 배경으로 하고 있기 때문에 죽음에 대해 두려워하지 않고 그저 헌 옷을 갈아입는 정도로만 인식한다. 여기에 승려들은 죽음을 통해서 깨달음의 최종적인 완성인 열반에 이르게 된다. 그렇기 때문에 죽음에 대한 인식이 죽음을 터부시하는 동아시아 문화와는 완전히 다르다. 이러한 인도의 문화 배경으로 인해, 붓다의 열반에 즈음해서 시자인 아난은 어떻게 화장茶毘하고 사리탑은 어떻게 조성해야 하는지에 관해 붓다에게 묻는다.

이러한 내용은 『대반열반경大般涅槃經』이나 『반니원경般泥洹經』 또는 『장아함경』 권4 「유행경」 등 소위 열반과 관련된 8종의 문헌에서 고르게 확인된다. 이 기록에서 붓다는 출가인이 간여하지 않는 재가 신도에 의한 사리 수습과 불탑 건립을 지시하고 있다. 그렇기 때문에 탑의 건립 위치 역시 사원이 아닌 도심 한가운데를 지목하고 있어 주목된다.

붓다는 4거리의 한가운데에 탑을 세워야 하며, 이렇게 해야만 보다 많은 사람이 붓다를 생각하며 복락을 얻고 죽어서는 천상에 태어난다고 설명하고

미얀마 양곤의 시내 한가운데 위치한 슐레파고다

4. 탑의 위치와 건립 주체

있다. 즉 붓다의 사리탑은 붓다의 유훈에 따라, 재가인에 의해서 도로 한복판의 4거리와 같은 곳에 세워진 것이다.

② 재가주의의 영향하에 놓인 탑

탑 하면 일반적으로 절을 생각하게 되지만, 인도불교 최초기의 탑은 절과 무관하게 발전한다. 실제로 조발탑과 관련된 붓다 당시의 탑 역시, 탑을 세우는 이들은 모두 재가 신도들이었다. 이런 점에서 초기 불교탑이 반전에는 승려들보나 재가 신도의 영향이 더 컸다는 것을 알 수 있다. 즉 탑은 재가인이 주도한 불교 문화이며, 이렇다 보니 탑에 대한 공양이나 예경 역시 재가적인 측면과 무관할 수 없게 된다. 따라서 탑은 절과 달리 어떤 의미에서 재가 주도적인 영향을 가장 많이 입은 불교의 신앙문화라고 하겠다.

③ 탑 신앙과 성지 숭배

사리탑을 만드는 주체가 재가인이라는 점은 이의 관리자 역시 재가 신도임을 의미한다. 이는 탑에 대한 장엄이 초기부터 있었고, 또 탑이 불교 안에서 가장 먼저 신앙 대상으로 확립된다는 것을 의미한다. 즉 탑은 가장 화려하게 발전할 수 있는 불교의 신앙 대상이었던 것이다.

특히 탑은 기원 전후 불상이 만들어지기 전까지 약 500년간 무불상시대無佛像時代 거의 유일한 신앙 대상으로서의 위상을 가지고 있었다. 이는 인도의 불탑들이 화려하게 발전하는 계기가 되기에 충분하다.

초기불교에서 불탑과 경쟁할 수 있는 신앙 대상은 붓다와 관련이 깊은 장소로서의 4대 성지와 같은 성지들뿐이었다. 그러나 성지는 무형적인 장소라는 점에서, 유형적인 사리를 포함하고 있는 탑과는 다르다. 즉 붓다와 관련된 무형의 성지와 붓다의 신체 일부인 사리가 모셔진 유형적인 탑의 경쟁이 시작된 것이다. 이런 상황에서 성지에 세워지는 기념탑의 등장은 탑의 약진을 보여 준다. 이는 탑 신앙과 성지 숭배의 두 가지가 상호 영향관계 속에서 발전해 가는 인도 불교 역사의 한 페이지를 잘 보여 주고 있다.

4. 탑의 위치와 건립 주체

5.
산치대탑과 바르후트대탑

① 탑을 배경으로 정비되는 붓다의 생애

불탑에는 붓다의 사리가 봉안되어 있지만 이것은 눈으로 볼 수 있는 대상이 아니다. 마치 무덤을 참배해도 조상을 떠올리기 어려운 것과 같다. 이로 인해 탑을 중심으로 붓다의 생애를 설명하는 사람들이 나타나게 된다. 요즘으로 말하면 문화재 해설사에 해당하는 분들로 이들에 의해 붓다의 생애가 스토리텔링이라는 옷을 입으며 점차 정리된다.

또 불교가 발전하면서 붓다에 대한 위대성이 강조되는데, 이 과정에서 붓다의 위대함은 현재의 한 생만으로는 성립될 수 없다는 판단을 대두시킨다. 그래서 붓다의 전생과 관련된 이타적인 희생과 강렬한 구도 정신을 기리는 전생담본생담이 정비된다. 특히 붓다의 전생 이야기는 금생의 생애를 초월하는 것이므로 여기에는 어떤 스토리도 담겨질 수 있었다. 마치 제약 없는 그릇과 같았다. 이로 인해 전생담은 당위성을 만들어 주고 금생의 위대함을 부각하는 선순환 구조가 완성된다. 붓다의 생애는 이 상호작용을 통해서 완비되는 것이다.

불탑을 중심으로 붓다의 생애와 전생담이 갖추어진다는 것은 탑을 중심으로 하는 탑 신앙의 강화를 의미한다. 즉 막대한 자본이 투자되는 거대하고 화려한 탑이 존재할 수 있는 배경이 완성된다.

② 산치대탑에서 확인되는 탑 신앙의 영광

인도의 중부지역인 보팔에 위치한 산치대탑은 탑 중의 탑이라고 할 수 있다. 이 탑의 최초 건립은 전 인도를 최초로 통일하는 아소카왕에 의한 것으로 기원전 3세기까지로 소급된다. 이 아소카왕의 탑을 기본으로 탑은 이후 계속 증축된다. 현재 산치대탑은 탑만으로 유네스코 세계문화유산에 들어가며, 인도를 대표하는 거대한 문화유적이다.

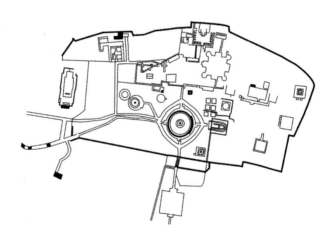

중앙 원형의 산치대탑을 중심으로 분포된 승원과 작은 탑 유적들

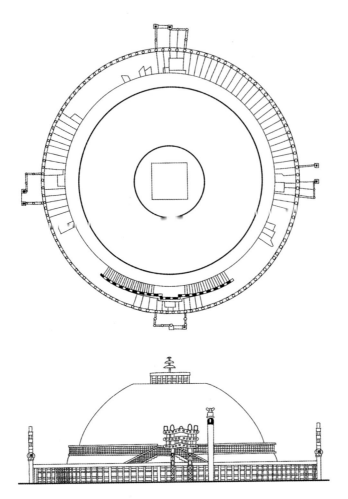

산치대탑의 평면도와 입면도

Ⅱ. 탑이란?

산치대탑에는 신성하고 기릴 만한 대상임을 표지하는 석문인 토라나에 붓다의 다양한 생애와 전생담이 부조되어 있다. 즉 붓다와 관련된 중요한 이야기 소재들이 생동감 있는 삽화로 표현되어 있는 것이다. 이와 같은 전통은 사찰의 벽을 장식하는 그림 문화벽화로 오늘날까지 유전되고 있다.

탑을 중심으로 이루어지는 붓다의 생애에 대한 감동과 표현은 이후 불상이 만들어지게 되는 시대적 요청을 이끌어 낸다. 탑을 중심으로 하는 붓다의 생애 강조가 보이지 않는 손으로 작용해서 불상을 만들어 내는 한 동력이 되었던 것이다. 불상이 만들어지기 전에 탑은 붓다의 스토리를 입고서 불상의 역할을 대신히기도 하였던 셈이다.

또 산치대탑에는 화려하게 장식된 4개의 문과 탑을 돌면서 탑돌이를 할 수 있도록 화려한 난간과 탑돌이 길이 설치되어 있다. 즉 산치대탑에 와서 인도불교의 탑은 비로소 완성을 보이게 된다.

산치대탑은 탑의 인근에 살기 원하는 승려들을 끌어들였다. 이로 인해 산치대탑 주변에는 거대한 사원이 만들어진다. 이는 사원과 분리되어 출발한 탑이 사원과 결합되는 한 방식을 잘 나타내 보여 준다. 사원 안으로 탑이 들어가는 경우도 있지만 때에 따라서는 탑의 바깥쪽에 사원이 건립되는 모습도 존재하는 것이다.

③ 가려질 수 없는 바르후트대탑의 위용

산치대탑과 필적할 수 있는 대탑으로 중인도 북부인 나고드Nagod에 위치한

산치대탑의 기념문인 토라나에 새겨진 붓다의 생애 부조. 불상의 탄생 이전 시기, 붓다의 주된 상징 중 하나인 보리수.
상카시아의 도리천 하강 신통을 보리수를 통해 묘사하고 있다.

바르후트대탑이 있다. 이 탑은 슝가왕조^(기원전 184~기원전 72) 시기의 것으로 파괴된 채 방치된 것을 1873년 영국의 고고학자인 알렉산더 커닝햄이 발굴하였다.

탑의 핵심이라고 할 수 있는 반원형의 복발^{覆鉢} 부분은 사라지고 현존하는 것은 난간과 탑의 동쪽 문 등 일부이다. 그러나 남은 부분의 조각만을 가지고도 바르후트대탑의 높은 품격을 확인해 보는 것은 어렵지 않다.

부조의 내용은 산치대탑과 마찬가지로 붓다의 생애와 전생담이다. 현재 발굴된 유적은 인도의 캘커타^(꼴까타)에 위치한 인도박물관에 전시되어 있다.

바르후트대탑의 탑 장식 부재들

5. 산치대탑과 바르후트대탑

6.
탑과 탑돌이

① 성스러움이 강조되는 탑

인도의 불교탑은 후대로 가면 존숭의 예경 대상으로서의 의미를 강조하기 위해 기단부가 높게 강조되며 이 과정에서 2~3단의 기단 양식 등이 나타난다. 또 대 접을 뒤집어 놓은 것과 같은 복발 형태 역시 원형의 알난卵-안다anda과 같은 과 장된 모습으로 표현된다. 그리고 위쪽의 평두平頭와 일산 부분도 종교적으로 양 식화되면서 화려하고 거대해진다.

평두는 본래 일산의 신성함을 강조하기 위한 난간 형태에서 출발하였지만, 이후 박스 형태하르미카harmika의 다층 역사다리꼴로 강조된다. 또 일산 역시 최 대 13층까지 늘어나면서 화려해진다. 즉 전체적으로 상부가 비대하게 커진 다 소 과장된 모습으로 변모하게 된다.

평두는 초기의 난간 형태에서 박스 형태로 변모하고, 이후 인도 신화에서 우주의 중심에 있다고 전해지는 우주산인 수미산須彌山(Sumeru)과 천상 세계를 상징하게 된다. 그리고 그 위로 솟아 있는 일산과 일산을 지지해 주는 산간傘竿 은 우주산 위의 우주목을 상징한다. 즉 불탑은 우주의 배꼽에 존재하는 중심축이 되며, 불탑이 있는 공간은 최고의 성지이자 성소의 의미를 함축하고 있다.

② 탑을 예경하는 방식, 우요

탑에 대한 예경 방식은 탑을 오른쪽으로 도는 우요右繞이다. 존중의 대상을 오른쪽 즉 시계방향으로 도는 우요 예경은 두 가지에서 유래된 것으로 알려져 있다. 첫째는 유목민들이 구심점이 되는 깃발을, 말을 타고서 오른쪽으로 돌며 예를 표하는 방식에서 유래했다는 것과, 둘째는 태양이 동쪽에서 떠서 남쪽으로 이동해 서쪽으로 기우는 태양의 회전 방향을 따랐다는 주장이 그것이다. 우요 예경은 불교 이전부터 존재하던 인도의 전통문화에 입각한 예법이다.

실제로 우요는 탑만을 예경하는 방식은 아니다. 붓다 당시 붓다를 예경하는 방식으로 율장이나 초기경전에서 오른쪽으로 3번 도는 우요삼잡右遶三匝의 형태가 살펴진다. 이와 같은 예경 방식이 붓다 열반 후에 육신의 일부인 사리를 모신 탑에도 적용되는 것이다.

또 기원 전후 불상이 만들어진 뒤에는 불상에도 우요 예경이 행해진다. 이러한 전통은 동아시아불교로도 전파되어 불전의 내외를 도는 순당巡堂 의식으로 유전된다.

③ 탑에 대한 예경과 탑돌이

붓다의 사리탑이 건립되는 과정에서 4거리 한복판에 탑을 조성해서 보다 많은 사람이 붓다를 생각하면서 공덕을 심을 수 있게 하라는 부분이 있다는 점은 앞서 언급한 바와 같다. 탑이 4거리 한복판에 위치하면 로터리와 같은 공간을 만들어 내어, 자연스럽게 탑돌이가 행해지는 구조를 형성하게 된다. 즉 불교에는 사리탑이 건축되는 초기부터 자연스럽게 탑돌이가 가능한 구조로 공간이 배치되었던 것이다.

후대로 가면 탑돌이는 인도불교의 예경 방식에서 매우 중요한 요소를 차지한다. 이는 아잔타나 엘로라 석굴 등에서 확인되는 말발굽 형태의 탑원굴차이티야 구조를 통해서 확인해 볼 수 있다. 말발굽 형태의 구조는 탑돌이를 위해 최적화된 형태이다. 즉 석굴의 중앙에서 사리에 대한 예경 이후에 반드시 탑돌이가 행해졌다는 것을 판단해 볼 수 있는 것이다.

탑돌이의 횟수는 기본적으로 3번이지만 그 이상 많으면 많을수록 좋다. 탑돌이는 붓다의 사리를 모신 탑에 존중을 표함으로써 붓다에게 귀의하고 부처님을 생각하는 좋은 공덕이 있다. 그러므로 탑돌이는 오늘날까지 유전하는 대표적인 불교 전통으로 계속되고 있다.

그러나 인도는 오른쪽과 왼쪽에 대한 차이가 명확하다. 그러므로 탑돌이는 반드시 오른쪽 시계방향으로 돌아야 하며 왼쪽인 시계 반대 방향으로 돌면 안 된다. 흔히 생각하기로는 왼쪽으로라도 도는 것이 안 하는 것보다는 낫다고 판단하기 쉽지만 전혀 그렇지 않다.

왜냐하면 인도 문화에서 왼쪽으로 도는 좌요左繞는 상대에 대한 모욕이기 때문이다. 이는 오늘날의 인도에서도 마찬가지이다. 이러한 문화 전통이 인도에 유전하는 이유는 인도인들은 현대에도 오른손으로 밥을 먹고 왼손으로는 화

아잔타석굴의 예배형 탑원굴

6. 탑과 탑돌이

강원도 무형문화재로 지정되어 있는 월정사 탑돌이 모습

Ⅱ. 탑이란?

장실의 뒤처리를 하기 때문이다. 그러므로 악수를 할 때 왼손을 내미는 것 등도 대단한 실례가 아닐 수 없다. 실제로 율장 등에는 좌요를 행할 경우에 재앙이 내리는 것으로 되어 있어 주목된다. 이 부분은 간과되기 쉬운 부분으로 탑돌이와 관련해서는 반드시 주의해야 한다.

또 탑돌이 문화가 동아시아로 전파되어서는 우리 정월 대보름의 벽사 의식과 연관되어 등불을 밝히는 문화와 결합하기도 한다. 흔히 연등 하면 4월 8일의 부처님오신날을 떠올린다. 그러나 원래 연등을 밝히는 것은 정월 대보름의 풍속이었다. 즉 쥐불놀이나 달집태우기와 같은 정월 대보름의 벽사 행위로 이해하면 되겠다.

정월 대보름의 연등이 부처님오신날로 옮겨지는 최초의 기록은 『고려사』「열전」 권35에 수록되어 있는 1166년 환관 백선연白善淵에 대한 내용이다. 그러나 이를 확정하는 것은 1245년 무신정권 때의 집권자인 최우崔瑀(?~1249)이다. 불교 국가였던 고려시대까지는 연등이 1년에 한 번이 아니라, 의미 있는 날에 여러 번 밝혀졌을 개연성도 존재한다. 아무튼 연등은 정월 대보름의 벽사 문화와 먼저 결합되어 있었고, 이 과정에서 연등을 밝히고 탑을 도는 연등 탑돌이의 형태가 만들어지게 된다.

연등을 밝히고 탑을 돈다는 것은 탑돌이가 저녁 및 밤의 문화와도 결합되었다는 것을 의미한다. 그러나 탑돌이가 반드시 연등을 동반하는 것은 아니다. 즉 낮에 행하는 합장을 한 채 도는 탑돌이와 밤에 행해지는 연등 탑돌이의 두 가지가 동아시아에서는 유전하고 있는 것이다.

7.
부도浮屠와 승탑僧塔

① 고승들의 탑을 가리키는 표현, 부도

붓다의 사리나 가르침인 법신사리를 모시는 기념물을 각각 '스투파'와 '차이티
야'라고 한다. 그러나 동아시아에서는 이를 뭉뚱그려 탑으로 번역한다. 후대로
오면 불사리의 한계로 인해, 법신사리인 경전을 모신 탑이 압도적으로 많을 수
밖에 없다. 이로 인해 스투파와 차이티야는 명확하게 구분되지 않고, 다수의 차
이티야 범주 속에 소수의 스투파가 존재하는 상황이 연출된다. 이러한 변화 과
정을 거친 후에야 동아시아로 탑 문화가 전해지다 보니 양자의 구분이 더욱 모
호해지는 것이다.

그러나 불교에는 붓다 이외에도 붓다의 10대 제자나 16나한과 같은 다양
한 고승들이 존재한다. 그러므로 이분들의 사리를 모신 탑들도 존재하게 되는
데, 이를 동아시아에서는 붓다의 탑과 구분하여 부도라고 한다. 즉 불교탑에는
'붓다의 탑'과 고승들의 탑인 '부도'라는 두 가지가 존재하는 것이다.

부도는 붓다에 대한 음역으로 광의적으로는 불교와 사찰 및 탑의 의미로도
사용된다. 불교를 부도교라고 하는 경우도 있으며, 『삼국지三國志』 권49와 『후

인도 나란다사원의 대스투파와 인근의 고승 부도들

7. 부도浮屠와 승탑僧塔

이른 시기의 중국 부도를 대표하는 서안(장안) 초당사의 구마라집(344~413) 부도

Ⅱ. 탑이란?

한서後漢書』권73에는 후한시대 말기인 190년경에 착융笮融이 서주西州에 만든 부도사浮屠祠라는 사찰도 등장한다. 흥미로운 것은 부도사의 사祠가 '절 사寺'가 아닌 '사당 사祠'라는 점이다. 즉 중국불교 초기의 사람들은 마치 대성전大成殿이 공자의 사당인 것처럼, 사찰을 부처님의 사당과 같은 관점에서 이해하고 있는 것이다.

　　인도불교에서는 탑을 사리탑과 기념탑으로 나누어 이를 각각 스투파와 차이티야로 구분했다. 이에 반해 불사리탑과 고승의 사리탑에 대한 명칭 구분은 뚜렷하지 않았다. 그러나 동아시아로 불교가 전파되면서 인도에서 전래된 사리탑과 동아시아 고승의 사리탑을 구분하려는 인식이 나타나게 되어 이를 각각 탑과 부도로 달리 칭하게 된다. 왜 하필 동아시아 고승의 시리탑을 부도라고 한 것인지는 정확하지 않다. 고승 역시 '준붓다'라는 의미에서 붓다에 대한 음역으로 불타佛陀와 불佛이 고착화되자, 사용이 뜸해진 부도를 차용한 것이 아닌가 하는 추정을 해 볼 뿐이다.

　　부도라는 명칭을 사용하면서, 한국불교에서는 고승들의 부도를 모신 곳을 부도밭 즉 부도전浮屠田이라고 표현하기도 한다. 부도군을 부도밭이라고 하는 이유는 두 가지이다. 첫째는 형태적인 특징 때문으로 고승들의 부도가 오와 열을 맞추어 가지런하게 배열된 모습이, 마치 경지 정리가 잘된 밭과 같다는 점이고, 둘째는 고승의 부도가 모셔진 곳이 많은 공덕을 산출하는 위대한 분들이 모인 곳이라는 점에서, 밭에 씨앗을 심으면 수십 배로 늘어나듯 공덕을 심는 공덕밭이라는 의미가 그것이다.

　　현대에 들어와서는 부도라는 명칭이 붓다에 대한 음역이므로 고승의 사리

정리가 잘되어 있는 통도사 부도탑

탑을 지칭하는 표현으로서 타당하지 않다는 반론이 제기된다. 이로 인해 부도를 고승의 사리탑이라는 의미에서 '승탑僧塔'이라고 하는 것이 타당하다는 주장이 제기되기도 하였지만 전통적으로는 부도라는 표현이 더 일반화되어 있다. 즉 '의미적으로는 승탑'이 맞고 '관습적으로는 부도'가 올바르다는 말이다. 특히 부도라는 명칭에 '선종에서는 깨친 선사禪師를 부처님과 같이 모신다는 의미'도 존재한다는 점에서, 부도라는 명칭을 함부로 바꾸는 것은 타당하지 않다고 판단된다.

② 사리를 모신 전각과 팔각원당형부도

기록을 통해서 확인되는 바로, 한국불교에서 부도를 가장 먼저 조성한 분은 신라시대의 자장율사탄생: 594~599, 입적: 653~655이다. 그러나 부도가 본격적으로 강조되는 것은 신라 말에 중국으로부터 선종선불교이 들어오면서부터이다.

선종은 참선 즉 명상을 중심으로 하는 중국불교의 한 종파로 여기에서는 스승에 대한 신뢰와 지도가 매우 중요하다. 그래서 선종에서는 스승을 붓다와 같이 모시는 양상이 나타나게 된다. 이는 중국 선종의 실질적인 시조라고 할 수 있는 혜능의 『법보단경法寶壇經』에서 혜능을 생불生佛 즉 살아 있는 붓다로 존숭하는 측면을 통해서 확인해 볼 수 있다.

당시에는 고승의 유해를 화장한 뒤 사리를 팔각형의 정자亭子와 유사한 건물 중앙에 안치하고 앞에서 예배하고 이후 주위를 돌았다. 현존하는 부도 중 통일신라를 대표하는 팔각원당형부도八角圓堂型浮屠는 바로 이 전각 형태를 차용

국보로 지정되어 있는 여주 고달사지 부도

Ⅱ. 탑이란?

한 것이다.

　팔각원당형이란 8각형을 기본으로 원형의 구조로 이루어진 형태라는 의미이다. 여기에는 문이나 창문 등도 표시되어 있는데, 이를 통해서 우리는 통일신라시대의 고승 사리를 안치하는 방식과 예경 방법 및 통일신라 건축에 대한 단서를 제공받아 볼 수 있다.

③ 팔각원당형에서 석종형으로의 변화

부도의 형태는 고려시대가 되면 팔각원당형의 비율이 축소되고 복발형의 비중이 확대되면서 유행 패턴이 바뀌게 된다. 복발형覆鉢型이란 대접발우을 뒤집어 놓은 형태라는 의미인데, 보기에 따라서는 우리의 종鐘과 형태적으로 유사하다. 그래서 이를 '돌로 된 종 같다'고 해서, 석종형부도石鐘型浮屠라고 한다.

　실제로 석종형이라는 표현은 이 부도 형태가 복발보다는 종과 같은 모습으로 발전하는 데 일조한 것으로 판단된다. 왜냐하면 인도의 복발형은 반원에서 시작하여 2/3가 원형인 알형이라면, 우리의 부도는 중앙의 허리가 길어진 모습으로 발전하기 때문이다. 이런 점에서 본다면 복발형이라는 명칭보다는 석종형이라고 부르는 것이 더 타당하다는 판단도 가능하다. 그러나 불교적인 의미만 놓고 본다면 인도불교에 기원을 두고 있는 복발형이라는 명칭이 더 타당하다.

　복발형부도는 인도 산치대탑과 같은 인도탑 형식을 돌로 축소해서 표현한 것이다. 팔각원당형이 복발형으로 바뀌게 되는 이유는 크게 두 가지이다. 첫째는 고려시대로 들어오면서 석조 조각 기술이 통일신라에 미치지 못하게 되며,

인도 오랑가바드 나식석굴의 원형탑 형태

Ⅱ. 탑이란?

보물로 지정되어 있는 여주 신륵사의 보제존자 석종. 나옹선사(1320~1376)의 부도이다.

7. 부도浮屠와 승탑僧塔

좀 더 단순한 쪽으로 양식이 흐르게 된다는 점이고, 둘째는 몽골제국원나라이 성립하면서 중국이 최고라는 신화가 깨지고 인도적인 관점이 환기된다는 점이 그것이다. 원나라 등장은 고려인들에게 중국 한족에 대한 사대주의가 무너지는 계기가 된다. 실제로 고려의 원 간섭기는 우리 역사에서 유일하게 한국인이 중국인화북인과 강남인보다 신분이 높았던 시기이기도 하다.

고려시대 복발형부도의 유행은 통도사 금강계단에서와 같이 불사리를 모신 곳에서조차 복발형 양식을 사용하는 것을 통해서 확인해 볼 수 있다. 이후 이러한 복발형부도 형태는 조선 후기까지 일관되게 고승의 부도탑 양식으로 선호된다.

국보로 지정되어 있는 양산 통도사의 금강계단

보물로 지정되어 있는 김제 금산사의 방등계단

7. 부도浮屠와 승탑僧塔

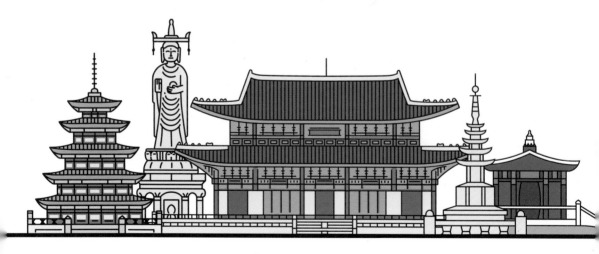

절과 탑의 결합

1.
절 속으로 들어가는 탑

① 아소카왕의 적극적인 불교 후원

붓다의 열반 이후 탑은 붓다의 유훈에 의해 재가인의 주도하에 세워지고 이들의 관리하에 놓이게 된다. 즉 승려들의 수행 공간으로서의 절과 재가인의 신앙 대상으로서의 탑이라는 서로 완전히 분리된 이중구조가 존재하는 것이다. 그렇다면 오늘날처럼 절 안에 탑이 존재하는 방식은 언제부터 시작된 것일까?

인도불교에서 가장 중요한 사건은 전 인도를 최초로 통일하는 마우리아왕조의 제3대 아소카왕에 의한 불교 진흥과 확대이다. 이는 로마의 콘스탄티누스가 기독교를 공인하는 것에 비견되는, 불교가 세계종교로 거듭나게 되는 일대 사건이다.

전승에 따르면, 이때 아소카왕은 근본8탑 중 랑그람탑을 제외한 7곳의 탑을 열어서 불사리를 나누어 전국에 8만 4천 탑을 건립했다고 한다. 8만 4천이란 실질적인 숫자라기보다는 당시에 사용된 4진법 체계에서 매우 많다는 의미의 상투적인 표현이다. 이는 붓다의 가르침이 8만 4천이라고 하는 것 등을 통해서 확인해 볼 수 있다. 즉 아소카왕은 개인의 신앙 및 국가 정책과 관련해서 매우

아소카왕이 불탑을 열려다가 실패했다고 하는 랑그람탑

많은 탑을 단기간에 건축했던 것이다.

② 동시에 건립되는 많은 불탑과 승단

아소카왕이 불교 진흥책의 일환으로 불탑을 많이 건립했다는 것은, 불교를 통한 제국의 통치체제 안정을 원했음을 의미한다. 또 이는 동시에 많은 탑을 관리할 수 있는 조직적인 주체를 요구하는 일이기도 했다.

붓다의 유훈은 재가 신도들에 의한 자발적인 탑의 건립과 관리이다. 아소카왕 역시 재가 신도이다. 그러나 아소카왕의 국가시책에 따른 동시다발적인 불탑 건립은, 이를 효율적으로 관리할 수 있는 주체가 부족하게 되는 문제를 초래한다. 즉 여기에는 탑의 관리 주체 부재라는 측면이 존재한다.

만일 어떤 재가 신도에 의해서 탑이 만들어진다면, 그 사람이 그대로 탑을 관리하면 된다. 그러나 국가시책에 의해서 동시에 다수가 축조되고 있다면, 관리 주체와의 연결이 쉽지 않게 된다. 만일 국가가 관리하는 것이 아니라면, 이를 승단이 위탁받아 관리하게 되었을 가능성이 존재한다. 특히 신도가 출가하여 승려가 된다는 점에서, 승려의 상당수도 종래에는 불탑을 중심으로 하는 신앙자였을 것임에 틀림없다.

또 불탑의 관리권이 승단으로 넘어왔다는 것은 당시 승단의 수용 요구가 존재했다는 의미이다. 이는 붓다의 열반 이후 200여 년이 흐르는 과정에서, 점차 불교가 종교화되며 불탑에 대한 승단의 갈망이 증대되었기 때문이다. 이와 같은 양자의 요구가 맞아 들어가면서 탑은 비로소 사원 안으로 들어가기에 이른다.

③ 승단과 아소카왕의 관계

아소카왕이 근본8탑 중 7곳의 불탑을 가지고 많은 탑으로 조성하기 위해서는 반드시 7곳의 불탑을 열어야만 한다. 즉 불탑의 훼손이 불가피하다는 말이다.

그런데 당시 탑은 붓다의 육신을 상징하는 최고의 신앙 대상이었다. 이는 불탑을 여는 과정이 불교 교단과의 합의 없이는 불가능하다는 것을 의미한다. 실제로 후대에 탑들이 거대하고 화려해지는 양상을 보면, 본래 있던 탑 위에 덧 씌워 확장하는 방식을 이용하곤 했다. 이는 신앙심이 깊은 입장에서 탑을 깨뜨리는 것에 부담을 느꼈기 때문으로 판단된다.

『마하승기율摩訶僧祇律』 권27에는, "탑을 깨뜨리는 것은 많은 나쁜 과보가 따르지만, 더 좋게 하기 위한 것은 문제가 없다."는 내용이 수록되어 있는데 이는 탑을 먼저 깨뜨려야만 하는 상황에 대한 승단의 종교적인 배려로 판단된다.

아소카왕이 신앙심 깊은 신도라는 점에서, 아소카왕의 분탑은 승단과의 합의에 의한 결과였을 것이다. 이는 아소카왕이 건립하는 많은 불탑 중 일정 부분 이상이 승단에 할애되어 사찰 안으로 들어가는 한 이유가 되었을 것이다.

또 일부 사찰들은 산치대탑에서처럼, 탑을 중심으로 그 주변에 들어서는 모습도 발견할 수 있다. 붓다의 핵심 성지인 탄생·깨달음·첫 설법·열반의 4대 성지 유적에 거대한 승원이 들어서 있었다는 것은 유적 발굴을 통해서 확인된다. 이와 같은 방식으로 아소카왕에 의한 국가적인 후원하에 사찰 수가 비약적으로 증대하면서 불탑 주변으로까지 확대되었을 가능성은 충분하다. 물론 이는 탑이 절로 들어간 경우가 아니라, 절이 탑을 감싸는 양상이라는 점에서 선후관계가 다르다. 그러나 결국 절 속의 탑이라는 전체 구조가 일치한다는 점에서 결과적으로 큰 차이는 없다.

　또 절 안으로 탑이 들어온다는 의미는 이때부터 탑이라는 신앙 대상과 관련된 종교적인 예경의식이 존재한다는 것을 뜻한다. 즉 불교가 명상 단체와 같은 형태에서, 오늘날의 예불과 같은 종교의례의 시원적인 형태를 갖추며 종교로 거듭나게 되는 것이다. 불교의 종교화와 관련해서, 불탑과 사원의 결합은 중요한 의미를 내포한다고 하겠다.

산치대탑의 토라나 너머로 보이는 사원 유적

바라나시 녹야원의 대규모 사원 유적

1. 절 속으로 들어가는 탑

2.
탑원과 승원

① 인도 건축의 두 가지 특징

절 안으로 탑이 들어가게 되면서, 사찰은 예배 공간과 수행·생활 공간이라는 이중 구조를 갖추게 된다. 한국사찰의 건축 명칭으로 말한다면, '전각殿閣(불전佛殿)'과 '요사채'의 관계라고 하겠다.

평지 사찰에서 예배 공간은 대체로 사찰의 중심부에 위치한다. 인도 문화권의 건축은 크게 두 가지 특징을 가진다. 첫째는 중심부에 핵심 건축이 위치한다는 점이며, 둘째는 정문을 동쪽에 두는 동향 문화를 가지고 있다는 점이다. 그래서 사찰이나 왕궁 등 모든 건축은 동향東向을 중심으로 이루어진다.

인도가 동향 문화를 가지는 것은 무더위 때문에 남향南向을 선호하지 않는 상태에서, 태양숭배의 영향으로 동쪽을 길吉하게 보기 때문이다. 이는 동아시아의 건축에서 맨 뒤쪽에 중요한 건물이 위치하며, 방위적으로는 남향을 기준으로 하는 것과는 크게 다르다. 동아시아의 건축이 남쪽을 선호하는 것은 위도가 높아 다소 추운 기후대에 속하므로 햇빛을 최대한 많이 받기 위해서이다.

'정중앙이 최고의 자리냐'와 '맨 뒤쪽을 최고의 자리로 볼 것이냐'는 인도와

부다가야의 마하보디대탑 내부. 출입구가 동쪽으로 되어 있다.

동아시아 문화권의 관점에 따른 차이다. 인도 문화에서는 중앙이야말로 중심이라는 생각이 있는데, 이는 현대사회에서 시청의 위치와 같은 측면을 통해 유전되고 있다. 그러나 동아시아 문화에서는 낮은 사람이 높은 분의 뒤를 보는 것이 용납되지 않는다. 그렇기 때문에 뒤쪽에 어른이 위치하게 되는데, 이는 경복궁이 서울의 중앙이 아닌 북쪽에서 남쪽을 내려다보는 형세를 취하고 있는 것을 통해서도 분명해진다.

중심과 후면 중 어디가 최상의 자리인가에 대해서는 관점에 따른 이견이 있을 수 있다. 그러나 이와 같은 배경 문화에 의해서 인도 건축은 중앙을 중심으로 동심원이나 동심방의 구조를 취하는 반면, 중국 건축은 남북을 축으로 하는 긴 직사각형의 형태를 취한다.

② 데칸고원을 수놓은 석굴사원들

인도를 남북으로 가르는 지형적인 분기점은 인도 중앙에 화산 분화와 단층 작용으로 형성된 데칸고원이다. 데칸고원 지방에는 많은 석굴사원이 존재하는데, 불교 석굴만 900여 곳이다.

인도 석굴사원은 우리의 석굴암처럼 여러 석재를 결합해서 완성하는 방식이 아닌, 천연적인 단층 지역을 파고 들어가는 통조각 형태로 이루어진다. 이것이 가능한 이유는 우선 데칸고원의 석재가 무르고, 인도인들은 시간 개념을 통한 역사 기록이 발달한 동아시아와 달리 공간 인지 능력이 매우 풍부하게 발달해 있기 때문이다.

석굴사원은 특성상 채광 문제가 존재한다. 이로 인해 석굴사원 입구의 상부에는 채광창이 크게 만들어지게 된다. 하지만 이러한 노력에도 빛은 굴절되지 않기 때문에 석굴사원의 구조는 긴 장방형을 띨 수밖에 없다. 즉 입구 안쪽에서 옆으로 확장되는 방식은 채광 문제로 인하여 극히 제한적이라는 말이다. 이로 인해 석굴사원은 아예 입구를 달리해서 탑원굴과 승원굴로 나누어지게 된다. 즉 특별한 경우를 제외하고는 입구에 따른 공간의 분할이 존재하는 것이다.

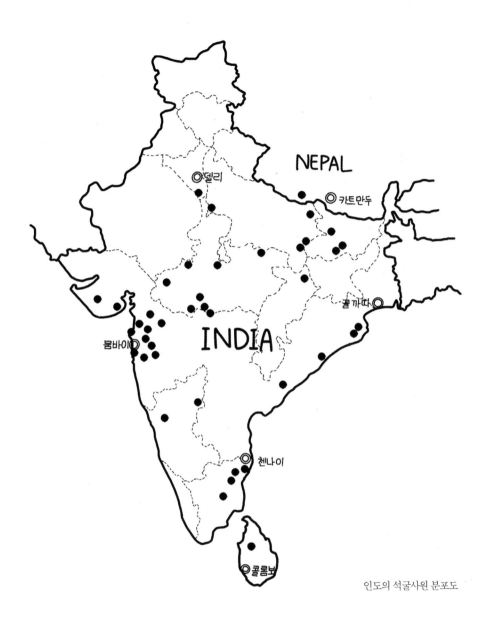

NEPAL

◎델리

◎카트만두

콜까따◎

INDIA

첸나이◎

◎콜롬보

인도의 석굴사원 분포도

2. 탑원과 승원

아잔타석굴 입구의 채광창

③ 탑원굴과 승원굴의 구조와 특징

탑원굴은 전방후원형의 긴 말발굽같이 생긴 장방형 석굴이다. 승원굴에 비해서 탑원굴의 수는 상대적으로 적은데, 이는 주변 여러 승원굴의 승려들이 공동의 탑원굴에서 예불 및 탑돌이를 행했기 때문이다. 탑원굴의 내부는 중앙의 긴 복도를 중심으로 양옆으로 팔각형이나 원형의 장식형 열주가 세워져 있고, 그 뒤로 회랑이 배치되는 구조이다.

탑원굴의 핵심은 탑인데, 탑원굴에서는 통돌을 조각해서 탑을 만들기 때문에 벽돌이나 돌을 쌓아서 탑을 만드는 방식과 달리 반원형의 복발 안쪽에 사리를 봉안하는 것에 어려움이 있다. 이로 인하여 탑 상부의 평두에 사리를 봉안하고, 그 위로 나무로 만들어진 일산을 장식하곤 하였다.

　평두는 발전하면서 인도 신화 속의 우주산인 수미산을 상징하게 되는데, 이러한 신성한 공간에 사리를 모시는 것은 이치적으로도 타당했다. 이로 인하여 후일 불상이 만들어진 이후 불상을 모시는 좌대 역시 수미산을 상징하는 수미단이 된다. 즉 수미산에 모셔진 사리와 수미단에 모셔진 불상은 같은 상징성을 확보하고 있는 셈이다.

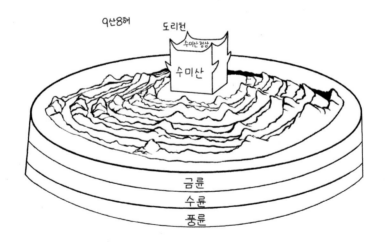

인도인들이 생각한 세계관인 수미산 우주론 그림

다음으로 승원굴은 중앙에 회의 공간과 같은 공동 공간을 두고 그 주위로 고시원과 같은 1~2인실의 작은 방들이 규칙적으로 배열된 구조로 되어 있다. 인도는 개인주의 문화가 발달했기 때문에 승원의 핵심은 1~2인실 정도 작은 규모의 개인 방이 되는데, 승원굴 역시 예외는 아니다.

개인 방에는 돌이나 나무로 만들어진 작은 침대가 위치하고, 램프를 올려 놓을 수 있는 벽감과 같은 홈이 갖추어져 있다. 아무래도 방 안은 꺾인 공간이라 빛이 들어오기에 제한적이기 때문이다. 더운 지역이다 보니 별도의 나무 문과 같은 시설물은 없으며 천이나 발을 늘어뜨리는 방식을 시용했을 것으로 판단된다.

엘로라석굴의 대규모 승원굴

엘로라석굴의 카일라사나트 석굴사원

2. 탑원과 승원

3.
중국으로 전파된 불교

① 최초 기록에서 확인되는 사리의 전래

불교는 인도에서 시작되었지만, 그것이 화려하게 만개하는 지점은 동아시아의 중국 문화권에서이다. 즉 인도 문화권과 중국 문화권이라는 두 문화권에 걸쳐서 존재하는 것이 바로 불교이다.

　중국불교의 시작은 『후한서後漢書』 권118의 「서역전」에 수록되어 있는, 기원후 67년에 발생하는 일명 '감몽구법설感夢求法說'이다. 감몽구법이란, 후한의 2대 황제인 명제明帝(재위 57~75)가 꿈에 금빛의 매우 큰 사람을 보았는데, 머리에서 광명을 발하며 대전 앞으로 내려오는 것이었다. 이를 신하와 의논하니, 그것은 다름 아닌 불교의 붓다였으므로 명제는 불교를 받아들이기 위해 인도로 사신을 파견한다. 이때 마침 인도에서 중국으로 불교를 전하기 위해 오고 있던 가섭마등迦葉摩騰과 축법란竺法蘭이 사신과 만나 당시 수도였던 낙양으로 온다. 이들이 낙양에서 머문 곳이 홍로시였으며, 이곳은 후일 중국불교 최초의 사찰인 백마사白馬寺가 된다.

　백마사라는 명칭은 가섭마등과 축법란이 백마에 불상과 경전 그리고 사리

낙양 백마사 앞의 석마상(석재 말 조각)

3. 중국으로 전파된 불교

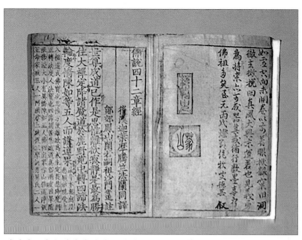

가섭마등과 축법란이 가지고 왔다고 전해지는 『사십이장경』

를 이운해 왔는데, 낙양에 도착하자 백마가 죽었기 때문에 백마의 공을 기리기 위해서라고 한다. 그런데 이때의 기록을 보면 처음부터 사리가 등장하고 있다는 사실을 알 수 있다. 즉 사리는 중국불교의 최초에서부터 등장하고 있다.

② 전파되는 것과 전파되지 못하는 것

다른 나라에 불교를 전파하기 위한 전도승傳道僧의 존재는 붓다의 10대 제자 중 부루나와 가전연 등을 통해서도 확인된다. 사실 붓다 역시 35세에 깨달음을 증득한 이후 80세로 열반에 드시는 45년간 가르침을 전달하는 전도傳道의 여정을 사신 '길 위의 성자'이다.

또 바라나시에서 야사와 그의 친구들 55인을 교화해서 아라한이 되도록 하고 〈전도선언傳道宣言〉을 선포한 것은 주목할 만하다. 요즘은 교회에서 '전도'라는 말을 자주 사용하기 때문에 이를 기독교 용어로 이해하는 분이 종종 있다. 그러나 전도란, 도道 즉 진리를 전파한다는 것으로 붓다가 강조한 불교 용어이다.

이런 의미에서 후대의 승려들이 전도승이 되는 것은 하등 이상할 것이 없다. 또 이들이 기원 전후에 책으로 완성되는 경전이나 형상으로 조각되는 불상을 모시고 왔다는 것 역시 충분히 타당하다. 그리고 다른 지역에 불교를 전하기 위해 신앙의 핵심인 사리를 모시고 갔다는 것도 능히 생각될 수 있는 부분이다.

거대한 불상은 어떤 의미에서는 조각을 넘어서 건축의 영역에 속하기도 한다. 그러나 불상이 인도를 넘어서 중국으로 전달되는 것은 상대적으로 쉽다. 왜냐하면 당나라 초기에 인도로 구법여행(총 16년, 629~645)을 떠나는 『서유기』의 주인공 현장법사처럼, 거대한 불상의 작은 모본을 만들어 중국으로 가져가는 것이 가능하기 때문이다. 즉 나무로 만든 작은 모본을 가지고 와서 중국에서 나무나 동으로 확대하면 되는 것이다. 그러나 탑이나 절과 같은 본격적인 건축은 상황이 좀 다르다.

건축은 생활과 밀접하게 관련되어 있음에도 생활하는 사람이 그 건축 구조를 정확하게 알지 못한다. 예컨대 아파트에 오래 살았다고 해도 아파트를 지을 수 있는 능력이 생기지는 않는 것처럼 말이다.

③ 문화권의 벽을 넘어서지 못한 건축

건축이 다른 문화권으로 옮겨가기 위해서는 건축가의 이동이 필수적이다. 건축은 해당 문화권과 기후에 최적화해서 발전하게 마련이다. 그러므로 나라나 문화권이 바뀌게 되면 건축에 대한 수요가 완전히 달라지게 된다. 하지만 건축가는 승려들과 달라서 다른 세계로 자신의 지식을 전파할 필요가 없다. 즉 시장의 수요에 따라서 존재하는 것이 건축가인 것이다. 이런 점에서 건축은 국가나 문화권을 넘어서지 못하는 한계를 가지게 된다

실제로 동아시아 승려들의 복색인 가사袈裟(kaṣāya)는 인도불교의 전통을 변형시킨 것이며, 경전이나 절을 하는 예법 등도 인도적인 측면이 가감되어 동아시아적으로 변모된 것이다. 그러나 사원이라는 건축적인 측면은 인도적인 요소가 전혀 전래하지 못하고 있다. 즉 흔히 사찰 하면 떠오르는 한옥 건축은 인도불교와는 전혀 무관한 동아시아의 건축 전통일 뿐인 것이다. 이는 건축적인 요소가 강한 탑에 있어서도 마찬가지다.

탑 역시 문화권의 장벽을 넘어서지 못했다. 그러나 탑의 핵심인 사리는 중국불교의 최초에서부터 중국으로 전래하고 있다. 이러한 사리와 탑의 언밸런스는 인도불교에는 일찍이 없었던 새로운 문제이다. 이 문제의 해법에 대한 요청이 중국불교에 존재하게 되는 것은 어찌 보면 당연한 결과라고 하겠다.

황룡사9층목탑 주심초석에서 출토된 사리

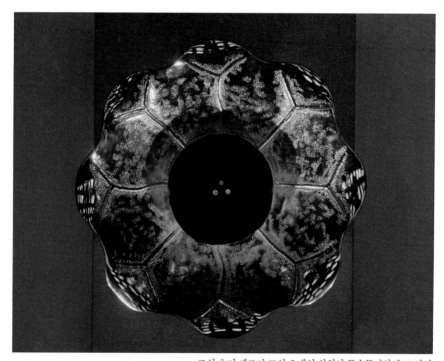

조선 초기 세조가 모신 오대산 상원사 문수동자상 출토 사리

3. 중국으로 전파된 불교

4.
중국탑의 발생과 완성

① 명당明堂건물에 모셔진 붓다의 사리

사리는 문화권을 넘었는데 건축에 해당하는 탑은 문화권의 장벽에 가로막혀 차단당한 상태에서, 초기의 전도승들은 사리를 모실 곳을 요청받는다. 이때 선택되는 곳이 바로 중국 전통의 신성한 건물인 명당건물이다. 즉 중국적인 신성한 건물에 붓다의 성물인 사리를 봉안한 것이다.

우리가 흔히 '명당 자리'라는 말로 사용하기도 하는 명당은 본래는 중국의

북경 자금성 건청궁의 정대광명 편액. 황위를 버리고 오대산으로 출가했다고 하는 순치제의 글씨이다.

고대 왕조인 주나라 때 군주천자天子가 정사를 보던 대전大殿을 가리키던 표현이다. 우리 식으로 말하면 경복궁의 근정전勤政殿이나 창덕궁의 인정전仁政殿이 명당에 해당한다고 이해하면 되겠다. 천자는 남쪽으로 향한 밝은 집, 즉 명당에서 백성을 위한 광명정대한 정치를 펴는 것이다.

명당은 이후 군주가 제천의례를 행하는 등의 종교의식을 집행하는 신성한 건물의 명칭으로 전환된다. 이것이 한 번 더 변형된 것이 묏자리 중 길지를 뜻하는 명당, 즉 음택陰宅이라고 하겠다.

한나라의 명당건물은 다층으로 된 높은 목조건축이었다. 아무래도 제천의례를 행하고 신성함을 강조하기 위해서는 높은 건물을 통한 권위가 유리했기 때문이다. 또 과거에는 지금과 달리 높은 건물을 건축하는 것은 넓은 건물을 짓는 것에 비해 훨씬 더 많은 노력과 기술이 결집되어야 가능했기 때문에 높은 건물이 낮은 건물에 비해 월등한 위계를 확보할 수 있었다. 바로 이러한 명당 건축에 종교적인 신성함의 결정체인 붓다의 사리를 봉안하게 된다.

② 명당건물의 목탑으로의 변화

명당건물은 3층·5층·7층·9층과 같은 홀수로 된 목조의 다층 건물이다. 또 초기에는 4각형이 일반적이었는데, 이는 건축기법상 4각형이 8각형 등에 비해 건축이 쉽기 때문이다. 그러다가 후대로 가면 8각형이나 그 이상 되는 다각형 건물이 만들어지게 된다. 즉 세로는 홀수기수奇數이고 가로는 짝수우수偶數라는 동아시아탑의 전형이 명당 건축에서 비롯되는 것이다. 명당 건축에서 기원하는 다층의 목탑 구조는 후일 중국에서는 질료가 벽돌로 대체되고, 우리나라에서는 화강암으로 바뀌게 된다. 이로 인해 형태적인 간소함이 나타나지만, 전체적인 형태는 목탑의 측면들을 상당 부분 유지하고 있다.

명당건물은 작은 건물이 아니라, 층층이 개별적인 독립공간을 확보하는 거대한 건축이다. 그렇기 때문에 명당건물 안에서 군주가 집전하는 제천의례와 같은 대규모 종교의례가 행해질 수 있는 것이다. 이런 명당건물에 사리가 모셔지면서 탑의 기능과 용도로 변모하게 되는 것은 당연하다.

인도불교에서는 사리를 탑 안에 봉안하고 친견일 수 없는 우리의 무덤과 같은 방식을 취한다. 그러나 중국불교에서 사리는 명당건물의 중앙에 안치되면

중국에서 가장 오래된 목탑인 1056년에 건축된 불궁사 석가탑(응현목탑)

서 전시가 가능한 형태로 바뀌게 된다. 이로 인하여 사리의 주위 4방향에 불상을 모시는 것과 같은 형태가 가능해진다. 즉 불전을 포함하는 '전각+탑'인 전탑殿塔의 구조가 나타나는 것이다.

또 사리를 예배하고 존숭하는 의식이 탑 안에서 가능하게 된다. 그리고 탑돌이 역시 거대한 목탑 안에서 사리의 주위를 도는 방식과 탑 밖에서 탑 전체를 도는 방식의 두 가지로 분화한다.

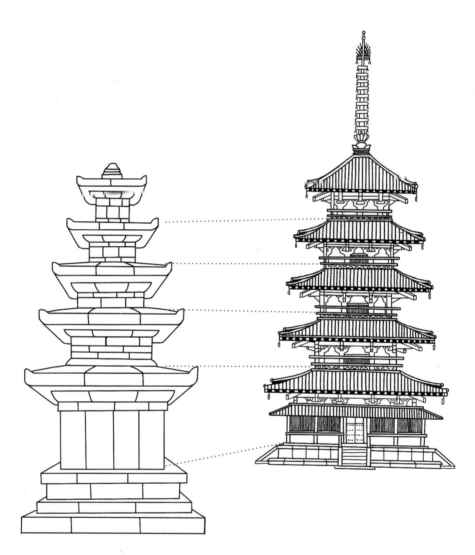

정림사지 5층석탑(좌)과 호류지 5층목탑(우)의 입면 비교도
정림사지 석탑과 호류지 목탑은 같은 등할적 원리에 의해 만들어져 유사한 비례를 가지고 있다.

Ⅲ. 절과 탑의 결합

③ 중국탑의 완성

탑은 건축의 영역에 속하지만, 예배와 주거 시설을 포함하는 사찰과 달리 소형
화가 가능하다. 이는 탑이 실생활에 사용되는 복잡한 건축이 아니라, 상징적인
단순한 건축이기 때문이다. 특히 인도불교에서부터 공양 소탑이 존재하고 있다
는 점과, 사리를 모시는 사리기가 인도탑의 형태로 제작된다는 점에서 더욱 그
렇다. 즉 탑 역시 불상과 같이 소형화를 통한 옮겨 오기가 가능한 것이다. 이런
점에서 사리를 모신 인도탑이 별도로 만들어지지 않고 명당건물로 사리가 들어
가는 것은 왠지 석연치 않은 측면이 있다.

사리기를 든 남자. 1~2세기, 녹색조의 활석,
높이 65.5cm, 스와트의 판르 출토,
스와트박물관

스투파형 사리기. 2~3세기, 편암 금박,
높이 16cm, 탁실라의 칼라완 출토,
카라치국립박물관

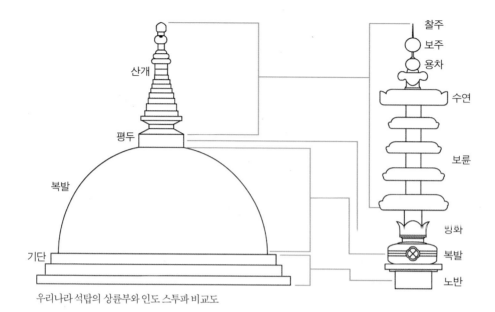

우리나라 석탑의 상륜부와 인도 스투파 비교도

　　실제로 동아시아탑의 상륜부는 기단과 평두 이상의 상부가 발달한 후대의
장식적인 인도탑 모양이다. 이런 상황들을 두루 고려해 본다면, 처음에 우연치
않게 명당건물에 사리가 모셔진 것이, 중국에서는 사리의 신성함을 강조하는
측면에서 더 유리하다는 판단 속에 적절한 타협이 이루어진 것이 아닌가 한다.
이는 이후 명당건물의 다층 목탑 최상층에 인도탑의 후기 양식이 그대로 올라
앉게 되는 것을 통해서 분명해진다.

　　중국불교는 인도 승려의 일상복인 가사를 중국인의 의식복인 도교의 학창
의鶴氅衣와 유교의 도포 위에 걸치는 방식을 선택한다. 이를 불교에서는 장삼이
라고 하는데, 이는 불교가 도교나 유교보다 높다는 것을 의미한다. 중국의 목탑

역시 신성한 건물인 명당건물 위에 인도탑을 올리면서 중국의 신성함보다 높은 불교탑의 가치를 잘 구현해 내고 있다.

또 인도탑에서 사리가 봉안된 뒤 보이지 않게 모셔지는 방식은, 이후 중국 탑에서는 맨 아래의 주심초석 부분과 맨 위의 상륜부에 모셔지는 방식 등으로 처리된다. 이와 같은 방식의 중국탑 완성은 이후 동아시아 목탑의 전형을 이루게 된다. 목탑의 맨 위와 아래에 사리를 배치하는 방식은 신라의 경주 황룡사 9층목탑을 통해서도 확인된다. 그러나 우리나라에서 석탑의 시대가 본격화되면, 사리를 봉안하는 사리공의 위치는 다양해진다.

황룡사9층목탑의 추정 복원작(황룡사지황룡사역사문화관)
높이가 225척으로 약 80$^{(78.75)}$m가 된다.

4. 중국탑의 발생과 완성

5.
전탑殿塔 중심의 사찰

① 높은 목탑을 중심으로 하는 가람배치

동아시아 초기의 사찰은 탑의 맨 위와 아래에 사리를 봉안하고 층층이 불상을 모신 전탑이 중심을 이루게 된다. 전탑은 탑이자 모든 붓다를 모신 불전佛殿을 포함하는 신성한 예배와 의식의 공간이다. 이 전탑 주위로 뒤쪽에 교육 공간인 강당과 좌우에 부속 시설들이 위치한다.

승려들의 생활과 주거를 위한 공간인 요사채는 사찰의 중심 영역 외에 별도로 구성된다. 이는 황룡사지나 감은사지에 요사채 공간이 존재하지 않는 것을 통해서도 단적인 판단이 가능하다. 즉 수평적으로 넓게 배치되어 있는 오늘날의 가람배치와는 완전히 다른 수직형의 백화점식 가람배치와 엄격한 영역 분리가 존재했던 것이다.

『삼국지』 권114의 「위서魏書」 〈석로지釋老志〉에는, 위나라의 명제明帝(재위 226~239)가 궁의 서쪽에 위치하던 탑이 너무 높아 궁전 안이 보일 수 있다고 판단하여 이를 없애려고 했다는 내용이 있다. 그러나 외국 승려가 사리를 가지고 이적을 보이자, 생각을 바꾸어 탑을 다른 곳으로 이전하고 그 주위에 100칸의

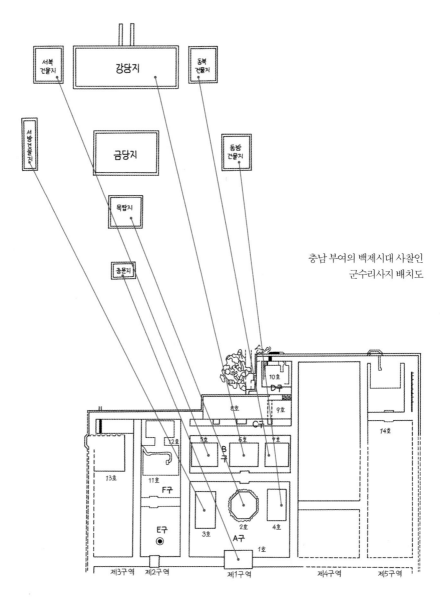

충남 부여의 백제시대 사찰인
군수리사지 배치도

평양의 고구려시대 사찰인 정릉사지 배치도
(고구려의 시조인 동명성왕 추모 사찰임)

5. 전탑殿塔 중심의 사찰

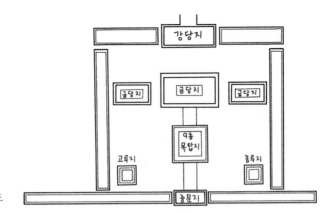

경주의 황룡사지 배치도

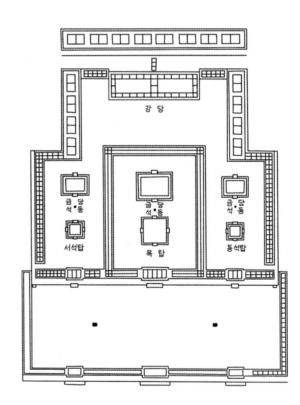

익산의 미륵사지 배치도

Ⅲ. 절과 탑의 결합

회랑을 두른 것으로 되어 있다.

    이 기록을 통해서 우리는 중국불교 초기에 사리가 차지하는 위상과 높은 탑을 중심으로 하는 사원 구조에 대한 내용을 알 수 있다. 즉 명당건물의 영향을 받은 고층의 탑전 구조가 살펴지는 것이다.

② 중층전각을 중심으로 하는 가람배치

중국 사찰은 탑을 중심으로 하는 것 외에도, 불상을 모신 불전을 중심으로 하는 것이 더 있다. 사리의 숫자가 한정적이라는 점에서 본다면, 탑보다는 불상을 불전佛殿(중심전각)에 모신 사찰로의 변화는 필연적이다. 또 명당건물에 따른 고층의 목탑은 건축이 용이하지 않다. 즉 대규모의 자본과 노력이 요청되는 일이다. 이는 황룡사9층목탑 축조와 관련해서, 백제에서 장인인 아비지를 초빙해 오고, 여러 이적들이 있었다는 기록을 통해서도 인지해 볼 수 있다.

    인도에서 사리가 들어오고 국왕이나 귀족의 대대적인 후원이 따르면서 이를 중심으로 거대한 위용을 자랑하는 목탑이 건축되어 주변 건축을 압도하는 상황이 발생한다. 특히 중국은 우리와 달리 평야 지대가 주류를 이루고 있다. 그러므로 풍수지리적인 관점에서 높은 건물이 타당했으며, 높이 솟은 우뚝한 탑이 불교를 널리 알리는 데 유리하게 된다. 이에 반해 산지가 많은 우리나라는 풍수지리적으로 낮고 넓게 짓는 방식으로 발전하는 모습을 보인다.

    탑이 아닌 불상을 모신 불전 중심의 사찰에 대한 내용은, 착융이 190년경에 건립한 부도사에 대한 내용을 통해서 확인해 볼 수 있다. 『삼국지』 권49와

『후한서』 권73에 따르면, 부도사의 중심에는 중층건물에 금동불을 모시고 가사를 입혔다는 내용이 있다. 또 그 주변으로 3천 명을 수용할 수 있는 거대한 회랑이 둘러쳐졌다고 한다. 이 회랑에 대한 부분은 위의 거대 목탑이 중심이 되는 가람배치와 일치한다. 즉 우리는 회랑에 의한 동일한 건축 패턴을 읽어 볼 수 있는 것이다.

여기에서의 중층건물이란 화엄사의 각황전覺皇殿이나 금산사의 미륵전彌勒殿과 같이, 외부에서 보면 중층이지만 내부는 통층으로 되어 있는 건물을 말한다. 즉 중층 형식의 높고 큰 불전에 4.8m의 장육입상丈六立像과 같은 거대한 불상이 모셔지는 것이다.

구례 화엄사의 각황전

미륵전 내부의 미륵장육입상(장육존상)

김제 금산사의 미륵전

5. 전탑殿塔 중심의 사찰

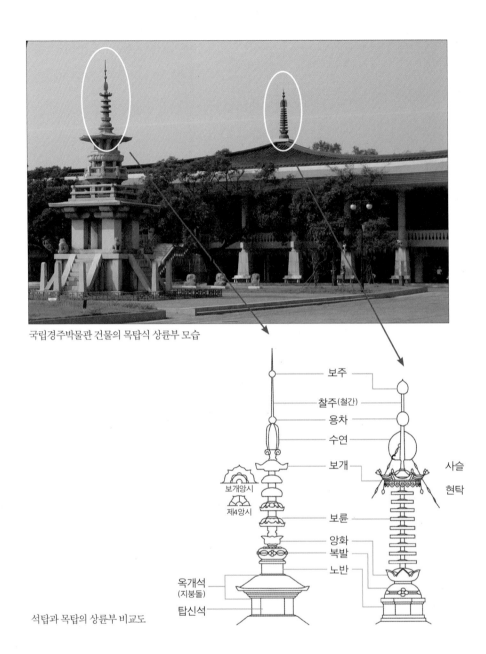

국립경주박물관 건물의 목탑식 상륜부 모습

보주

찰주(철간)

용차

수연

보개

보개앙시

제4앙시

사슬

현탁

보륜

앙화

복발

노반

옥개석
(지붕돌)

탑신석

석탑과 목탑의 상륜부 비교도

Ⅲ. 절과 탑의 결합

그런데 흥미로운 것은 이 기록 속에 중층건물의 상부에 9층의 동으로 된 윤판 장식이 있다는 것이다. 이는 인도탑에서 발달한 일산을 의미한다. 인도탑의 일산은 3개에서 발전하여 9개와 13개까지로 늘어나게 되는데, 동아시아에서는 9개가 일반적이다. 이는 중층건물의 상부가 인도탑의 양식을 수용하고 있다는 의미로 이해된다.

우리가 일반적으로 생각하는 전각과 불전은 좌우가 긴 장방형의 구조이다. 그러나 중층건물의 상부가 인도탑의 양식을 갖추고 있다는 것은 이 건물이 정자와 같은 네모난 건축물이라는 것을 의미한다. 이는 중국탑에서 층수를 낮춘 형태가 중국불교 불전 건축의 시작이 된다는 점에서 주목된다.

또 190년경에 이미 불전의 상부가 인도탑의 양식을 갖추고 있었다면, 목탑의 상륜부에 인도탑 양식이 수용된 것은 그 이전이라고 할 수 있다. 즉 명당건물에 사리가 모셔진 이후 얼마 지나지 않아 곧바로 인도탑 양식의 상륜부 수용이 이루어진 것이다.

③ 좌우에서 전후로 바뀌게 되는 가람배치

목탑이 중심이 되는 사찰 건축은 주위의 주요 부속건물과 함께 회랑으로 둘러쳐지게 된다. 이때 승려들의 생활공간 등은 회랑 밖에 위치한다. 일반적으로 회랑이 사찰의 전체를 둘러쌀 것이라는 생각이 있지만, 동아시아불교에서의 회랑은 붓다를 상징적으로 모신 사찰 안에서도 가장 중요한 신성 공간에 대한 시설물이다. 이런 점에서 회랑은 인도탑의 난순과 비슷한 역할을 한다고 볼 수 있다.

현존하는 사찰 중 회랑 구조를 가장 잘 이해할 수 있는 불국사

이는 불전을 중심으로 하는 사찰의 구조에서도 동일하게 이해될 수 있는 측면이다.

　사찰은 성聖과 속俗을 나누는 외부 담을 갖추고, 그 속에서 다시금 붓다의 신성한 공간을 표현하는 회랑을 갖춘 중층의 평면구조를 가진다. 또 목탑의 형태가 불전으로 수용된다는 점은 붓다의 신체 중 일부인 사리와 붓다의 형상을 상징화한 불상이 대등한 위상을 확보하고 있다는 것을 의미한다. 이는 우리가 현대에 제사를 지낼 때, 신주 즉 위패와 사진을 대등한 관점에서 수용하고 있는 것을 생각하면 되겠다.

　또 동아시아 사찰의 초기 형태는 거대 목탑을 중심으로 하고 있으며, 그 속

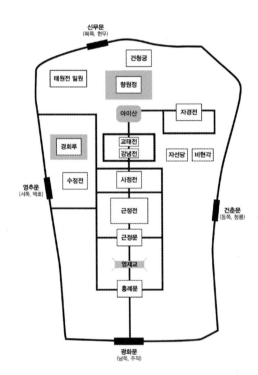

경복궁 평면도

Ⅲ. 절과 탑의 결합

에는 불전이 포함된다. 그러므로 목탑의 후면에 별도의 불전과 같은 건물이 들어설 필요가 없다. 즉 목탑이 가장 위계가 높은 건축물인 것이다. 그렇기 때문에 중심 부속건물은 전후가 아닌 좌우로 배치된다.

궁궐 건축에서는 핵심 영역에 위치한 중심건물의 좌우에 익랑翼廊과 연결되어 부속건물이 배치되곤 하는데, 동아시아의 초기 가람배치 역시 이와 같은 양상을 취하고 있는 것이다. 그러나 동아시아의 궁궐 건축에는 핵심 영역 이외에도 많은 별도의 영역들이 존재하면서, 결국 남북의 자오선을 축으로 하는 세로로 긴 장방형 구조로 변한다. 사찰 건축의 가람배치도 주불전 외에 다수의 전각이 더해지면서 더욱 궁궐 긴축 같은 모습으로 변모하게 되는 것이다.

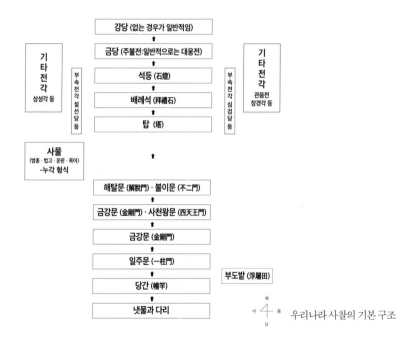

우리나라 사찰의 기본 구조

6.

탑돌이 문화와 순당巡堂

① 거대 목탑에 배치된 5방불

중국의 거대 목탑은 4각형이나 8각형으로 되어
있고, 각 층마다 불상을 모시는 불전 형식으로 되
어 있다. 즉 각 층이 독립되어 있고, 이를 빙글빙
글 돌면서 올라가는 구조로 되어 있는 것이다.

　각 층에 모셔진 불상은 주위를 돌 수 있게 되
어 있으므로, 이런 경우는 남쪽을 중심으로 하기
는 하지만 평면적이지 않고 입체적으로 불상을
배치하는 방식을 취하게 된다. 즉 중앙과 4방위
에 불상이 배치되는 원형이나 정방형
구조의 배치가 나타나는 것이다. 이
와 같은 양상을 확인할 수 있는 유적
이, 요나라 때인 1056년 건축된 높이
67.31m의 현존하는 세계 최대의 전

불궁사 석가탑의 내부 불상 배치 모습

위에서부터
불궁사 석가탑 내부의
5층, 4층, 3층, 2층, 1층
불상 배치 모습

탑殿塔인 불궁사佛宮寺 석가탑釋迦塔이다. 이 목탑은 응현에 위치하고 있다고 해서 응현목탑應縣木塔이라고도 하는데, 정면의 진입 공간에 해당하는 1층을 제외한 5층까지의 목탑 내부에는 층마다 다양한 불상들이 모셔져 있다.

② 탑의 표면에 새겨지는 불상

탑돌이는 말 그대로 탑을 시계방향으로 돌면서 예경을 표하는 것이다. 이에 비해서 순당은 탑이 아닌 불상을 돌거나 분전법당을 보는 것을 의미한다.

불교 신앙 대상의 핵심은 사리이다. 그러나 사리는 유한한 것으로 더 이상 증대될 수 없다. 이렇다 보니 붓다에 대한 신앙적인 요구에 의해, 결국 기원 전후에 불상이 만들어지게 된다. 즉 사리에 비해 불상의 탄생은 500년이나 늦은 것이다. 이 시기를 불상이 존재하지 않는 무불상시대無佛像時代라고 한다.

모든 종교에는 형상주의와 무형상주의 간에 관점의 충돌이 존재한다. 가장 대표적인 것이 천주교와 이슬람이다. 천주교는 여호와까지도 표현하는 데 주저하지 않는다. 이는 바티칸의 시스티나 소성당에 미켈란젤로가 그린 유명한 천지창조를 통해서 단적인 판단이 가능하다. 이에 비해 이슬람은 여호와와 야훼와 같은 신의 명칭마저도 절대신에 대한 신성모독으로 판단한다. 이로 인하여 유일신이라는 의미의 알라라는 명칭만을 사용하며, 모스크에는 신을 상징하는 그 어떤 매개체도 존재하지 않는다.

불교 안에도 형상과 무형상의 논란이 존재한다. 이 중 형상을 대표하는 쪽에서 만든 상징물이 바로 불상이다. 그러나 불상이 만들어진 한참 뒤에도 붓다

바티칸 시스티나 소성당의 미켈란젤로 천장화

는 형상으로 상징될 수 있는 제한적인 존재가 아니라는 비판이 있었고, 이와 같은 정신을 동아시아에서 계승하고 있는 것이 바로 선종이다.

붓다를 나타내는 사리라는 실질적인 부분과 불상이라는 상징적인 측면은 본질적으로는 완전히 다른 논리적인 층차를 형성한다. 그러나 사리와 불상은 모두 붓다를 떠올리게 한다는 점에 있어서는 동일하다. 그렇기 때문에 불상이 만들어진 이후 불상은 탑이라는 신앙 대상과 신속하게 결합하게 된다. 인도의 아잔타나 엘로라 석굴 등에는 탑의 앞쪽에 불상이 조각되어 있는 것을 볼 수 있다. 이는 사리와 불상이 붓다를 상기시키는 동일한 상징물로 평가되었다는 것

불상의 탄생으로 알려져 있는 간다라 불상 중 수하관경

Ⅲ. 절과 탑의 결합

탑의 앞쪽에 불상이 부조되어 있는 아잔타석굴의 탑원굴

불상이 탑을 가릴 정도로 거대해진 엘로라석굴의 탑원굴

6. 탑돌이 문화와 순당巡堂

을 의미한다.

탑과 불상의 결합으로 결국 탑을 도는 것이 불상을 도는 것이 되어 '기도하다'는 의미가 된다. 불교의 첫 시작에서 붓다를 존중하면서 돌았던 우요右繞가, 사리를 수장한 탑을 넘어 붓다의 형상을 한 불상에까지 도달한 것이다. 순당의 기원은 바로 이렇게 시작된다. 즉 순당과 탑돌이는 완전히 맞물려 있는 셈이다.

③ 탑돌이를 계승하는 순당 문화

전탑殿塔형의 대형 건축은 건축구조상 주위를 돌면서 예경하기가 좋다. 이는 목탑이 4각형에서 8각형으로 전환되는 한 이유가 되었을 것이다. 또 예경하기 좋은 구조는 자연스럽게 탑의 안쪽을 도는 탑돌이 겸 순당을 발달시키게 된다. 이러한 탑 내부에서 행해지는 탑돌이 겸 순당은 탑의 외부를 도는 탑돌이 문화의 확산을 초래한다. 결국 동아시아 전통인 정월 대보름의 벽사 풍습과 연관되어 등불을 밝히는 연등탑돌이가 만들어지는 한 요인이 되는 셈이다.

그러나 연등탑돌이는 화재에 취약한 목탑 안에서는 행해질 수 없다. 그러므로 외부 탑돌이에서만 거대한 규모로 행해지게 된다. 즉 목탑의 내부에서 순당과 겸하여 행해지는 특수한 신분과 귀족들에 의한 탑돌이와, 목탑의 외부를 도는 민중적인 탑돌이의 이중 구조가 완성되는 것이다. 이 중 탑의 외부를 도는 연등탑돌이는 오늘날까지 계승되는 동아시아 불교문화의 정수 중 하나이다.

전탑형의 거대 목탑은 내부 공간도 상당한 규모를 가진다. 그러나 이러한 건축 구조에는 필연적으로 공간 면적에 한계가 존재한다. 특히 목탑의 중심부에 5방으로 불상이 모셔진다는 점을 고려한다면, 그 외의 공간 면적은 네 방향으로 분할되면서 극히 작아질 수밖에 없다. 이와 같은 문제를 극복하는 것이 바로 탑과는 다른 불상을 모시는 전각 즉 불전佛殿이다. 이것이 바로 불전이 존재해야만 하는 당위성인 셈이다.

그러나 처음에 불전에 불상이 안치되는 방식은 목탑에서와 마찬가지로 정중앙이었다. 이렇게 되는 이유는 두 가지이다. 첫째는 거대 목탑의 불상 배치 방식에 영향을 받은 것이고, 둘째는 불전은 붓다의 전각 즉 붓다의 집이므로 주인공이 가운데에 있어야 한다는 점이 그것이다.

물론 불전은 바닥 면적이 정사각형 혹은 정팔각형인 목탑과 달리, 동서로 길게 배치되기 때문에 넓은 공간을 확보할 수 있다는 차이점이 있다. 그럼에도 불상이 불전의 중앙에 모셔지는 것에는 변화가 없다. 이로 인해 예불과 같은 종교의식 후에 불상을 도는 불전 내부의 순당이 가능하게 된다.

순당의 불교문화는 외연이 보다 넓은 불전 밖을 도는 외부 순당 문화를 파생한다. 즉 불전

불상이 전각의 중앙에 자리잡고 있는
경주 분황사 보광전의 약사여래입상

6. 탑돌이 문화와 순당巡堂

수미단이 존재하지 않으며 순당이 용이하도록 조성되어 있는 경주의 석굴암

안팎을 도는 순당 의식이 완성되는 것이다. 이후 불상은 늘어나는 예배자의 수효를 감당하기 위해 점차 후면으로 밀려난다. 실제로 오늘날 동아시아 불전의 전통 건축에서 확인되는 불상의 위치는 2/3~4/5 정도까지 밀려나 있다. 이로 인하여 불상이 5방에 배치되는 입체적인 문화는 완전히 사라지고 동서로 전개되는 평면적인 배치만이 남게 된다. 여기에 임진왜란과 병자호란 이후에 수미단이 갖춰지면서 순당 문화는 더욱더 위축되고 만다.

7.
목탑에서 전탑과 석탑으로의 변화

① 벽돌로 탑의 재료를 바꾼 중국

중국 중원의 약 80%를 차지하는 하남성의 성도는 정주이다. 그런데 이곳 하남 박물원 입구에는 인간을 중심으로 코끼리 두 마리가 마주하고 있는 상이 설치되어 있다. 이는 오랜 옛날에는 중국에도 아시아 코끼리가 살았던 것을 말해 주기 위함이다. 하남성의 차 번호판에 새겨져 있는 성의 식별 문자인 '코끼리 예豫'자 역시 같은 의미를 상징한다.

고대 중국에 아시아 코끼리가 살았다는 것은 상당히 흥미로운 일이다. 그러나 중국은 화전火田을 통해서 신속하게 녹지를 줄여 나갔고, 결국 녹지는 황토 벌판으로 바뀌게 된다. 산림의 축소는 많은 목재가 사용되는 거대 목탑 건축이 더 이상 용이하지 않다는 것을 의미한다.

특히 중국에는 산이 적어서 석재도 많지 않았다. 이와 같은 재료적인 요소가 작용하여 중국의 목탑은 황토벽돌을 이용한 전탑塼塔(벽돌탑)으로 질료적인 전환을 거치게 된다. 이것이 중국이 동양 삼국 중 전탑 즉 벽돌탑의 나라로 불리게 된 이유이다. 물론 이와 같은 탑의 질료 변화에는 낙뢰나 실화 등에 의한 화

재로부터 탑을 보호하고, 개보수가 용이하고, 거대하게 짓게 될 경우 비용이 적게 든다는 측면 역시 작용했을 것이다.

탑의 재료가 나무에서 벽돌로 바뀌게 되자, 이번에는 형태와 공간의 문제가 발생하게 된다. 목재는 불과 물에 취약하다. 그러나 벽돌은 목재와는 그 성격이 완전히 다르다. 이로 인해 목조건축에서 기와를 중시하는 측면은 형식적인 모습으로 축소된다. 또 목조건축만이 갖는 처마의 선이나 기둥을 받치는 아름다움과 화려한 조각의 요소들 역시 대폭 생략된다. 즉 탑이 밋밋해진 것인데, 이는 탑의 외부 모습의 변화를 의미한다.

낙양 백마사의 제운탑　　　　　　서안 천복사의 소안탑　　　　　　서안 자은사의 대안탑

　　또 내부적으로 벽돌은 목재에 비해 무게가 무겁고 부재의 길이가 짧다. 이
는 탑의 내부에 넓은 공간을 확보할 수 없다는 것을 의미한다. 결국 전탑은 외부
적으로는 거대한 규모를 가지고 있더라도, 실질적인 내부 공간은 목탑에서처럼
여러 불상을 모시기가 어렵게 된다. 여기에 위층으로 올라가는 계단 면적이 필
수라는 점을 고려한다면 그 내부 공간은 더욱 작아지게 마련이다.

　　실제로 당의 제3대 황제인 고종재위 649~683이 어머니인 문덕황후를 위해
서 창건한 사찰인 자은사慈恩寺의 대안탑大雁塔을 보면, 탑이 매우 거대한 규모
이지만 3~4층 이상은 내부가 달팽이처럼 상하로 이동하는 공간밖에 없다.

목탑에서 전탑博塔으로의 질료 변화가 내부 공간을 위축시키면서, 목탑에 존재하던 전탑殿塔의 기능 중 불전佛殿의 독립성을 강화시킨다. 불전의 독립은 탑이 가지는 위상의 축소와 직결된다. 즉 탑 중심에서 불상을 모신 불전 중심으로의 전환이 초래되는 것이다. 또 탑에서 불전으로 신앙의 중심이 옮겨지는 흐름은 순환적인 가속을 부여하는데, 이로 인해 탑의 위축과 불전의 확대는 더욱 빨라지게 된다.

경주 분황사 모전석탑
목탑과 중국의 대규모 전탑 형식을 본떠 입구를 배치하고 있지만,
이들 탑과 달리 탑 안쪽 공간은 존재하지 않는다.

7. 목탑에서 전탑과 석탑으로의 변화

② 목탑에서 석탑으로 변모하는 우리나라

우리나라는 산지가 많기 때문에 입자가 고운 질 좋은 황토가 부족하다. 그 대신 화강암이 전국적으로 산재해 있다. 그래서 탑의 질료는 거대 목탑에서 석재로 변모하게 된다. 즉 석탑의 나라가 되는 것이다. 이렇게 놓고 본다면, 해양성 기후로 강우량이 풍부한 일본만 목탑이라는 동아시아의 전통을 간직하고 있다고 하겠다. 이로써 '중국을 전탑의 나라', '한국을 석탑의 나라'라고 하는 것과 대비해 '일본을 목탑의 나라'라고 하게 된다.

익산 미륵사지 9층석탑

목탑에서 석탑으로의 변화를 가장 잘 나타내 주는 탑은 백제의 익산 미륵사지에 위치한 9층석탑이다. 이 탑은 석재로 되어 있음에도 각 부재가 상당 부분 목재의 형태를 띠고 있다. 이는 목탑에서 석탑으로 이행하는 과도기적인 측면을 잘 나타내 준다.

　　미륵사지석탑의 목탑을 석재화한 양식은 이후 부여 정림사지 5층석탑 등으로 계승·발전하게 된다. 백제 석탑의 아름다움은 목탑을 계승한 유려한 선에 있다. 이런 점에서 정림사지 5층석탑은 석재로 구현된 최고의 목탑 미감을 잘 온축하고 있다고 하겠다.

부여 정림사지 5층석탑

7. 목탑에서 전탑과 석탑으로의 변화

모전석탑의 영향이 남아 있는 경주 양피사지 3층석탑

Ⅲ. 절과 탑의 결합

신라 석탑의 표준을 완성한 경주 불국사 석가탑

7. 목탑에서 전탑과 석탑으로의 변화

신라탑은 백제탑과는 또 다르다. 백제탑이 목탑의 유산을 다수 상속받았다면, 신라탑은 목탑에 중국 식의 전탑 영향을 함께 받았다. 현존하는 신라의 가장 오래된 탑은 분황사芬皇寺의 모전석탑模塼石塔이다. 여기에서의 모전석탑은, 벽돌탑을 가장한 돌탑이라는 의미이다. 즉 중국적인 전탑의 영향이 존재하는 것이다.

신라의 석탑은 전탑의 영향으로 훨씬 간결하고 함축적인 미감을 가지게 된다. 이를 완성하는 것이 통일신라시대의 석가탑이다. 석가탑은 다보탑처럼 화려하지 않다. 그러나 모든 명품이 가지는 간결한 선을 통한 공간의 함금변과고 난순하면서도 멋스러운 초월적인 미감을 완성하고 있다. 즉 심플한 최고의 명품이 바로 석가탑인 것이다.

신라의 삼국통일은 백제 식의 탑이 아닌 신라탑을 정형화하게 한다. 이는 오늘날 우리나라 사찰의 거의 모든 탑이 석가탑을 모사하고 있는 것을 통해서 단적인 판단이 가능하다.

③ 작아지는 석탑과 거대해지는 불전

목탑이 석탑으로 질료가 바뀌었다는 것은 탑의 크기가 현저하게 축소된다는 것을 의미한다. 왜냐하면 거대한 규모의 석탑은, 목탑보다 훨씬 더 어려운 노동집약적 건축 방식을 요구하기 때문이다. 즉 우리나라의 석탑은 중국의 전탑보다 더 작은 규모로 제한될 수밖에 없는데, 이는 흥미롭게도 거의 모든 사찰의 불전 앞에 작은 석탑이 장식물처럼 배치되는 결과를 가져온다. 즉 크기가 축소된 석탑은, 탑을 불전을 장엄하는 장엄적 요소로 변모시킨다.

또 불교 신앙의 중심이 탑에서 불전으로 이동하게 되면서, 불전의 정면을 가로막고 있는 탑은 좌우로 나누어지게 된다. 이는 사천왕사지의 목탑 위치 등을 통해서 확인해 볼 수 있다. 즉 목탑시대부터 이미 탑의 불전 장엄화가 이루어지고 있는 것이다. 석탑은 이를 계승하면서 마침내 불전을 장엄하는 장엄물의 요소로 전락하기에 이른다.

이후의 석탑은 좌우로 나뉜 2기의 탑이 아니라 불전의 앞을 가리는 1기의 탑이 건축되어도 거대해진 불전을 방해하지 못하는 왜소한 탑으로 축소된다. 즉 작은 탑과 큰 불전이라는 우리나라의 전통적인 가람배치 양식은 이렇게 완성된다. 이러한 과정을 거치면서 탑 중심의 가람배치는 불전을 중심으로 해서 남북을 축으로 하는 세로의 직사각형 구조로 완전히 탈바꿈한다.

석탑이 대웅전을 장엄하고 있는 불국사

Ⅲ. 절과 탑의 결합

직지사 석탑은 다소 세장하고 아담한 모습이다.

7. 목탑에서 전탑과 석탑으로의 변화

8.

탑에 새겨진 불교의 영웅들

① 석탑이 확보한 보편성

탑은 사리를 봉안하는 건축물이다. 즉 탑의 목적은 사리 봉안에 있는 것이다. 물론 후대에는 사리 수량의 한계로 인해 경전 등을 모신 탑이 주로 조성되지만, 그래도 탑 신앙만의 고유성은 사라지지 않는다. 실제로 목탑에서 석탑이 되어 크기가 축소되는 과정에서 석탑의 수는 오히려 더욱 증대한다.

여기에는 세 가지 이유가 있다. 첫째는 뿌리 깊은 탑 신앙의 전통이다. 이는 『묘법연화경』의 「견보탑품見寶塔品」 등을 통해서 유전되는 모습이 확인된다. 둘째는 석탑의 장식성이다. 석탑이 불전 앞을 장엄하는 대상이 되는 것은, 한편으로는 탑 신앙을 위축시키는 듯하지만 석탑이 거의 모든 사찰에 건립되는 보편성을 초래한다. 셋째는 보수 비용이 거의 발생하지 않는다는 점이다. 목탑이나 전탑에 비해, 석탑은 단단한 질료의 특성상 같은 크기라면 건립 비용이 더 든다. 그러나 우리의 석탑은 각 사찰이 감당할 수 있을 정도로 크기가 축소되었고, 또 화강암 역시 전 국토에 산재해 있기 때문에 구하기가 용이했다. 여기에 석탑은 한 번 건립해 놓으면 별도의 유지·보수비가 들지 않는다. 이는 화재나 훼손 등에 의해 소멸하는 목탑이나 전탑과 달리, 석탑은 점차 누적될 수 있다는 것을 의미한다. 실제로 사찰이 사라진 폐사지에도 석탑은 존재하는 것을 보면, 그 견고성을 알 수 있다.

② 석탑에 부조된 천룡팔부와 12지신

탑의 중심인 탑신부에 사리를 봉안하는 상징성은 고선사지 3층석탑 등에 새겨져 있는 문비門扉 모양, 즉 대문의 표현 등을 통해서 확인해 볼 수 있다. 동아시아에서는 조상숭배 전통에 입각해서 조상신이 오가듯이 붓다 역시 영적인 에너지가 탑에서 출입한다는 인식이 존재한다.

이는 사당의 신주에서 죽은 조상이 왕래한다거나, 현재까지도 제사를 지낼 때 귀신이 오간다고 생각하는 것과 같다. 실제로 전통적인 위패를 보면 위아래가 뚫려 있는데, 이는 영혼이 출입하는 통로를 상징하는 것이다. 이를 탑에 반영한 장식이 바로 문과 문을 닫고 있는 자물쇠 표현이다.

석탑의 문 형태에 자물쇠를 부조한 것은 삿된 존재의 침입을 차단하는 신성 공간의 의미를 부여하는 것이다. 영적인 출입 제한의 의미가 아니라, 석탑의 사리를 모신 곳을 성역화하는 것이라는 말이다.

또 통일신라의 석탑에는 때에 따라서 문비 모양의 좌우에 금강역사와 같은 문지기들이 부조되어 있기도 하다. 금강역사는 코끼리 왕의 100만 배나 되는 위력을 가지고 있는 수호신이다. 즉 이들에 의해 사리로 상징되는 붓다의 보호가 수행되는 것이다.

원효가 출가한 사찰로 유명한 고선사지 3층석탑

Ⅲ. 절과 탑의 결합

공주 마곡사 5층석탑

마곡사 5층석탑의 자물쇠 모양 부조

8. 탑에 새겨진 불교의 영웅들

또 탑을 받치고 있는 기단부의 8매 갑석甲石 즉 판석에는, 불교의 대표적 호법신인 천룡팔부가 부조된다. 천룡팔부는, 천天 즉 천상 세계의 신神과 물과 관련된 용을 중심으로 하는 8종류의 인도를 대표하는 종교와 토템의 대상들이다. 구체적으로는 ❶천天(deva) ❷용龍(nāga) ❸야차夜叉(yakṣa) ❹아수라阿修羅(asura) ❺가루다迦樓羅(garuḍa) ❻건달바乾闥婆(gandharva) ❼긴나라緊那羅(kiṃnara) ❽마후라가摩睺羅迦(mahoraga)이다.

이 중 셋째의 야차는 인도 원주민의 전통적인 토템인데, 아리안족의 인도 침입으로 숲으로 쫓겨나 숲과 산의 정령과 같은 위치를 가지게 된다. 넷째의 아수라는 조로아스터교의 최고 신인 아후라 마즈다와 같은 신으로, 인도 아리안족의 주신이 인드라 즉 제석천帝釋天이 되면서 이에 상대하는 마신의 역할을 부여받게 된다. 우리가 사용하는 '아수라장'과 같은 말은 이러한 아수라에서 나온 것이다. 다섯째의 가루다는 금시조金翅鳥로 한역된다. 용을 잡아먹는 인도의 새 토템에 의한 것이다. 여섯째와 일곱째의 건달바와 긴나라는 천신들의 음악신이자 무희로 천신들을 기쁘게 해 주는 유희의 존재들이다. 그리고 건달바에게는 유럽 왕실의 광대와 같은 측면도 있기 때문에 먹고 논다는 의미를 차용하여 우리의 '건달'이라는 말이 만들어지게 된다. 끝으로 마후라가는 뱀 토템에서 기인하는 수호신이다.

석탑의 위쪽인 탑신에 금강역사가 지키고 있고 아래쪽의 기단부에 천룡팔부가 조각되어 있다는 것은, 붓다와 가까운 쪽의 금강역사와 먼 쪽의 천룡팔부라는 석굴암의 구조와 정확하게 일치한다. 즉 석탑은 축소되고 변형되었지만, 가람배치의 전체 구조를 잘 온축하고 있는 것이다.

경주 양피사지 3층석탑 기단의 천룡팔부 중 일부
(좌측은 사자 가죽을 뒤집어쓰고 있는 건달바이고, 우측은 해와 달을 손으로 만지고 있는 아수라이다.)

8. 탑에 새겨진 불교의 영웅들

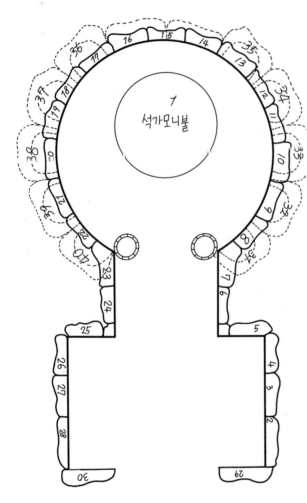

굴 안 불상

1 : 석가모니불

15 : 11면관음보살

8, 9, 21, 22 : 4대 보살

10, 11, 12, 13, 14
16, 17, 18, 19, 20 ⎤10대 제자

32, 33, 34, 35
36, 37, 38, 39 ⎤감실 불상

31, 40 : 감실

굴 밖 불상

5, 25 : 금강역사

29, 2, 3, 4
26, 27, 28, 30 ⎤천룡8부

6, 7
23, 24 ⎤4천왕

석굴암 평면도

석굴암 전실의 천룡팔부와 금강역사의 모습

8. 탑에 새겨진 불교의 영웅들

경주 괘릉의 기단에 부조되어 있는 12야차대장 중 일부(말과 닭)

Ⅲ. 절과 탑의 결합

이외에도 통일신라 석탑의 기단부에는 판석이 12매가 되는 것도 있는데, 이런 경우에는 12지신地神이 부조되기도 한다. 12지를 우리는 흔히 띠와 관련된 것으로 이해하지만, 사실 12지는 불교의 『약사경藥師經』에 등장하는 12야차 대장을 의미한다.

12지신이 왕릉을 보호하는 호석護石으로 등장하는 것은 신라의 삼국통일 직후부터이다. 그런데 12지신이 통일신라 석탑의 기단부에서도 발견된다. 이는 석탑이 붓다의 유해인 사리를 모시고 있다는 점에서 왕릉과 같은 위계로 석탑을 장엄했다는 것을 의미한다. 즉 통일신라시대의 석탑에는 석굴암에서 확인되는 가람배치의 양상과 왕릉의 12지신상의 모습이 아울러 수용되어 있는 것이다.

③ 목탑의 불상을 밖에 새긴 석탑

석탑의 기단부에는 석탑 안에 봉안된 사리를 보호하는 수호신들이 배치되어 있다. 이런 점에서 석탑의 기단은 불교판 어벤저스의 활동무대라고 할 수 있다. 이에 비해 탑신부는 사리를 모시고 있는 공간이기 때문에 호위무사 격인 호법신들은 이곳에 자리할 수 없다. 금강역사는 문을 지킨다는 의미에서 탑신부에 위치하지만, 이 경우는 한 쌍으로 중앙을 비켜서 좌우에 대칭적으로 배치된다. 그런데 때에 따라서는 탑신석의 중앙에 인물상이 부조되는 경우도 있다. 이는 석탑 안에 모셔진 사리로 대변되는 붓다를 형상화한 불상이다.

석탑의 탑신석에 부조된 불상은 동·서·남·북의 네 분이 한 세트가 된다.

공주 마곡사 5층석탑의 4방불 모습

Ⅲ. 절과 탑의 결합

이분들은 각각 ❶동방 만월세계의 아촉불 ❷남방 환희세계의 보생불(혹 보승불) ❸서방 극락세계의 아미타불 ❹북방 무우세계의 부동존불이나 불공성취여래가 된다. 이렇게 되면 4방불이 된다. 또 중앙에는 따로 불상이 묘사되지는 않지만 대승불교의 최고 붓다인 법신 비로자나불을 상징하는 것으로 이해하곤 한다. 이럴 경우 5방불이 갖추어지는데, 이는 전탑 안에서 나타나는 다양한 불상을 모신 만다라의 구조와 일치한다(금강계만다라의 오지여래五智如來). 즉 통일신라의 석탑에는 거대 목탑이 화강암으로 재구성된 전탑殿塔의 요소도 존재하고 있는 것이다.

9.
기본적인 탑의 변화와 다양성

① 사라진 목탑과 그 잔존 양상

붓다를 신앙의 숭심으로 하는 불전의 약진과 함께 목탑이 석탑으로 변화하면서 목탑 전통은 크게 위축된다. 목탑은 고려 때까지도 건축되지만 주류는 아니었으며, 이러한 목탑들이 조선 전기까지 유전한다. 그러나 현존하는 목탑은 단 1기도 없는 실정이다. 그럼에도 목탑 전통을 계승한 전각으로, 보은 법주사에 높이 22.7m의 5층목탑 형태로 된 팔상전捌相殿과 화순 쌍봉사에 높이 12m의 3층목탑 형식의 대웅전이 존재하고 있어 우리나라 목탑 이해에 도움이 된다.

국보 제55호로 지정되어 있는 법주사 팔상전은 임진왜란 이후인 1605년 사명당에 의해서 재건된 것이다. 팔상전은 석가모니를 중심으로 붓다의 일생을 중요한 8가지로 나눈 불교회화 즉 〈팔상도〉를 모신 전각이다.

〈팔상도〉는 각각 ❶잉태 이전의 도솔천 상황을 그린 〈도솔래의상도〉 ❷룸비니에서의 탄생을 그린 〈비람강생상도〉 ❸출가를 위해서 왕성 밖을 번민하는 〈사문유관상도〉 ❹왕성을 넘어 출가를 단행하는 〈유성출가상도〉 ❺왕사성 인근의 고행림에서 수행을 하는 〈설산수도상도〉 ❻부다가야의 보리수 아래에서

고려시대 목탑의 형태를 알 수 있는 국립중앙박물관 소장의 청동제소탑

9. 기본적인 탑의 변화와 다양성

깨달음을 성취하는 〈수하항마상도〉 ❼바라나시의 녹야원에서 처음으로 가르침을 설하는 〈녹원전법상도〉 ❽쿠시나가르의 사라수 아래에서 열반에 드시는 〈쌍림열반상도〉의 8종류 불화이다.

팔상전은 외관으로는 5층이지만 내부적으로는 하나로 뚫려 있는 통층으로, 목탑으로서의 실질적인 기능과 내부 구조는 전혀 없다. 다만 법주사에서는 팔상전의 목탑 형태에 의거하여 탑돌이를 실행하고 있을 뿐이다.

쌍봉사 대웅전 역시 임진왜란 이후인 1628년 재건된 건물이다. 그러나 안타깝게도 1984년 화재로 소실되어 1986년 복원된 상태이다. 대웅전이라는 명

보은 법주사 팔상전

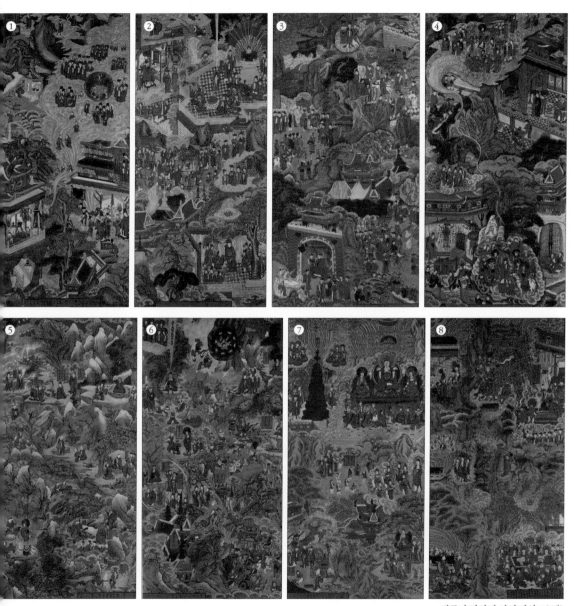

법주사 팔상전 안의 팔상도(8장)

9. 기본적인 탑의 변화와 다양성

화순 쌍봉사 대웅전

부여의 백제문화단지에 조성되어 있는 능사 5층목탑

칭처럼 석가모니불을 중심으로 마하가섭과 아난을 모신 불전으로 사용되고 있다.

이외에 최근에 만들어진 목탑으로, 진천 보탑사의 3층목탑과 부여의 백제문화단지 내에 조성된 38m 규모의 능사陵寺 5층목탑 등이 존재한다.

② 정형석탑과 이형석탑

우리나라에서 가장 유명한 탑은 10원짜리 주화에 도안되어 있는 다보탑이다. 그러나 한국탑의 정점에 있는 것은 화려한 다보탑이 아닌 석가탑이다. 한국 석탑의 90% 정도는 석가탑과 같은 형태의 삼층석탑이다. 그러므로 이를 일반적인 석탑, 즉 정형석탑이라고 한다. 그 중 가장 수작이 바로 석가탑인 것이다.

다보탑은 중국이나 일본에도 있지만, 불국사의 다보탑과 같은 형태는 전 세계적으로 유일하다. 이러한 탑을 비정형적인 특수한 탑, 즉 이형석탑이라고 한다. 우리나라의 석탑 양식은 석가탑을 정점으로 하는 정형석탑과 다보탑과 같은 특수한 형태를 띠는 이형석탑으로 나뉘는 것이다.

이형석탑은 특이한 형태를 취하기 때문에 별도의 계통성이란 존재할 수 없다. 대표적인 탑으로 국보 제40호인 경주 정혜사지 13층석탑이나 국보 제86호인 개성 경천사지 10층석탑 그리고 보물 제27호인 김제 금산사 육각다층석탑과 보물 제798호로 지정되어 있는 화순 운주사 원형다층석탑 등이 있다.

정형석탑은 석가탑과 같은 형식을 기본으로 변화된 국보 제35호로 지정된 구례 화엄사 4사자3층석탑을 필두로, 5층과 7층 등으로 확대되는 탑들도 존재

경주 정혜사지 13층석탑   국립중앙박물관에 소장되어 있는 경천사지 10층석탑

194

Ⅲ. 절과 탑의 결합

김제 금산사의 육각다층석탑   화순 운주사의 원형다층석탑

9. 기본적인 탑의 변화와 다양성

구례 화엄사 효대의 4사자3층석탑

경주 나원리 5층석탑

경주 장항리사지 5층석탑

충주 탑평리 7층석탑. 일명 중앙탑

9. 기본적인 탑의 변화와 다양성

한다. 대표적인 5층탑은 국보 제39호인 경주 나원리 5층석탑과 국보 제236호인 경주 장항리사지 5층석탑 등이 있으며, 7층탑은 국보 제6호인 충주 탑평리 7층석탑 등을 들 수가 있다.

또 석가탑과는 다른 석탑의 형식으로, 고려시대의 8각형 목탑 양식을 계승한 석탑이 고려시대에 나타난다. 대표적으로는 국보 제48호인 평창 월정사 8각9층석탑이나 영변 보현사 8각13층석탑이 있다. 이들은 8각형을 기본으로 하는 9층 이상의 고층탑이라는 특징을 가지는데, 이러한 4각형 3층탑의 기본 형태를 넘어서는 탑 양식을 다층다각탑이라고 하여, 이를 고구려 계통의 탑으로 본다.

묘향산 보현사 8각13층석탑

평창 월정사 8각9층석탑

9. 기본적인 탑의 변화와 다양성

이외에 익산 미륵사지석탑을 계승한 백제탑 양식의 석탑으로 국보 제289호인 익산 왕궁리 5층석탑과 보물 제185호 부여 무량사 5층석탑 등이 있으며, 부여 정림사지석탑을 계승한 백제탑으로는 보물 제224호인 서천 성북리 5층석탑과 보물 제506호인 담양 남산리 5층석탑 등이 있다. 이를 넓은 범주에서 백제탑 양식이라고 하는데, 전체적으로 석탑의 부재가 많고 3층 이상의 탑이 많은 것을 특징으로 하고 있다.

백제탑 양식과 같은 흐름은 신라탑에서도 확인된다. 신라의 모전석탑 양식

| 부여 무량사 5층석탑 | 서천 성북리 5층석탑 | 담양 남산리 5층석탑 |

과 안동을 중심으로 하는 전탑 양식의 두 가지가 그것이다.

먼저 모전석탑 양식의 석탑 계열은 분황사 모전석탑을 시작으로, 보물 제 124호인 경주 남산동 동 3층석탑(혹 양피사지 3층석탑)과 국보 제77호인 의성 탑 리리 5층석탑 그리고 국보 제130호인 구미 죽장리 5층석탑 등이 존재한다. 신라 모전석탑 계열의 특징은 돌을 가지고 다양한 방식으로 벽돌탑 모양을 흉내 낸 것이라는 점이다. 이는 중국이나 일본에서는 찾아보기 어려운 매우 독특한 방식이라는 점에서 주목된다.

경주 양피사지 3층석탑

의성 탑리리 5층석탑

구미 죽장리 5층석탑

9. 기본적인 탑의 변화와 다양성

다음으로 전탑 계열은 국보 제16호인 안동 법흥사지 7층전탑과 보물 제57호인 안동 조탑리 5층전탑 그리고 보물 제327호인 의성 빙산사지 5층석탑 등이 있다. 전탑의 특징은 5층이 주를 이루는, 3층 이상의 고층으로 이루어진 벽돌탑이라는 점이다. 우리나라의 전탑은 경북 안동과 의성 지역에 집중적으로 분포되어 있는데, 이는 낙동강을 따라서 들어온 중국의 집단이주와 같은 환경적인 요인에 의한 가능성이 크다. 즉 여기에는 우리 석탑 문화와는 다른 중국적인 전탑 문화의 이질성이 존재하는 것이다.

안동 법흥사지 7층전탑

안동 조탑리 5층전탑

의성 빙산사지 5층석탑

우리나라의 정형석탑은 석가탑을 기준으로 생각해서 이해하면 쉽다. 그리고 이의 방계로 ❶북방계인 8각다층탑 계열과 ❷백제탑 계열 그리고 ❸신라 모전석탑 양식의 석탑 계열과 ❹전탑 계열의 총 4가지가 존재한다. 그리고 이들은 정형석탑의 흐름 밖에 존재하는 것으로 독특한 매력을 발산하는 이형석탑이라고 이해하면 되겠다.

③ 잘 만들어진 석탑과 퇴화

우리나라를 석탑의 나라라고 하듯이, 우리의 탑은 석탑이 주류이다. 석재는 처음 만들기는 어렵지만 화재 등의 우려가 없어서 반영구적이라는 장점이 있다. 즉 초기 비용이 많이 들지만 유지 비용은 거의 없다고 하겠다. 이와 같은 석탑의 장단점으로 인해, 석탑은 작아지는 대신 많아져서 일반화된다.

그런데 석탑에는 무거운 돌이라는 질료에 대한 선입견 때문에 둔탁하고 갑갑하게 다가오는 문제점이 있다. 이를 극복하기 위해서 석탑을 제작할 때 적절한 공간분할과 비례를 통해 상승감을 부여하는 데 많은 노력을 한다. 이러한 노력의 정점에서 꽃 피워 낸 석탑이 바로 불국사 석가탑과 월정사 8각9층석탑이다.

신라에서 가장 오래된 석탑인 국보 제38호 경주 고선사지 3층석탑이나 국보 제112호 경주 감은사지 3층석탑을 보면 석가탑이 이 문제를 얼마나 깊게 고민했으며, 또 어떻게 극복했는지를 한눈에 알 수 있다. 목탑에서 석탑으로 바뀌면서 나타나는 둔중함이 그대로 노출되고 있기 때문이다.

경주 고선사지 3층석탑

경주 감은사지 3층석탑

Ⅲ. 절과 탑의 결합

특히 보물 제37호로 지정된 남원 실상사 3층석탑이나 현재 김천 직지사 대웅전 앞으로 이관되어 있는 문경 도천사지 동·서 3층석탑을 보면, 이러한 노력이 자칫 세장細長함을 초래한다는 것을 알게 된다. 즉 둔중함과 세장함의 사이에서 절묘한 비례감과 공간분할을 통해 상승감을 확보하고 있는 것이 바로 석가탑이나 월정사 8각9층석탑이다. 그러나 이러한 고도의 정신적인 균형감은 조선이라는 숭유억불기를 거치면서 무너지고, 다소 무성의한 형태적인 모사만을 반복하는 것으로 마무리된다. 즉 불교가 박해받는 상황에서 새로운 활력 없이 낮은 단계의 모사만이 이루어지는 것이다.

남원 실상사 3층석탑

9. 기본적인 탑의 변화와 다양성

10.
불전의 확대와 탑의 축소

① 불교의 확대가 초래한 새로운 요구

전탑殿塔이라는 거대한 목탑에는 다층의 목탑구조 속에 다양한 불전과 의식 공간이 포함된다는 점은 앞서 언급한 바 있다. 즉 한 건물 속에 승려의 생활 공간인 요사를 제외한, 불교 신앙과 관련된 모든 시설이 갖추어져 있는 형태이다.

현대건축에서는 관련 시설을 한 건물에 밀집시킨 건축이 효율성 면에서 선호되고 있다. 그러나 과거에는 목탑의 크기가 확대되는 데 기술적인 한계가 존재했다. 그로 인해 공간의 분할에 따른 전문성이 떨어지는 문제가 크게 대두된다. 즉 거대 목탑만으로는 늘어나는 신도의 수효를 만족시킬 수 없었고, 결국 목탑의 중요 부분들이 외부로 독립해서 나가게 된다.

대표적인 것이 대웅전과 같은 의식儀式 공간인 주불전금전金殿 혹은 금당金堂과 가르침을 설하는 강당이다. 특히 강당은 목탑의 구조로서는 해결하기 어려운 넓은 공간을 요청한다는 점에서, 주불전에 비해 강당의 필요가 더욱 절실했다고 하겠다.

그러나 주불전과 강당이 목탑에서 빠져나오게 되자, 목탑은 신앙 공간으로

서의 필연성을 상당 부분 상실하게 된다. 이는 결국 비로자나불이나 아미타불 그리고 관세음보살이나 문수보살 등이 각기 독립된 전각인 대광명전·극락보전·관음전·문수전 등으로 이탈하는 배경이 된다.

또 여기에는 높은 거대 목탑의 건축에 막대한 자본이 투입될 수밖에 없다는 문제도 존재한다. 요즘처럼 땅값이 건축비의 최대 부분을 차지하는 것과 달리, 과거에는 높은 건축이 넓은 건축보다 훨씬 고비용이 드는 어려운 작업이었기 때문이다.

② 전문화에 따른 종합의 해체

여러 불·보살들이 비록 층을 달리하고 있다고는 하지만, 하나의 전탑 속에 동거하는 형태는 특정 불·보살만을 신앙하는 입장에서는 문제라는 판단을 할 수도 있다. 마치 백화점 안에 섞여 있는 것보다는 독립된 매장을 가지는 것이 격에 맞다는 관점이다. 즉 전문화에 따른 독립의 욕구가 존재한다는 말이다.

동아시아불교는 시대에 따라 유행하는 불·보살 신앙에 차이가 있고, 종파불교에 의해 각 종파에서 중심으로 삼는 붓다가 다르다. 예컨대 화엄종-비로자나불 · 천태종-석가모니불 · 법상종-미륵불과 같은 경우이다. 이런 상황은 전탑의 종합적인 측면과는 충돌하는 전문적인 부분에 대한 강조라고 할 수 있다. 즉 중국불교의 발달로 인한 전문화가 전탑殿塔이라는 신앙의 종합적인 양상을 해체하는 데 일조한 것이다.

신앙의 강조와 전문화로 인해 전탑에 내포되는 신앙적인 측면은 약화될 수밖에 없다. 그리고 이는 자연스럽게 목탑의 축소 및 질료 대체를 초래하는 수순으로 이어진다.

③ 새롭게 재편되는 가람배치

전탑에서 빠져나온 것은 비단 신앙의 대상인 불·보살만이 아니다. 불·보살의 전각들이 목탑 주위에 자리잡게 되면서, 사찰의 수호신 역시 목탑만이 아닌 넓어진 사원 영역 전체를 지켜야만 하는 필연성이 대두된다. 즉 과거에는 금강역사나 사천왕 또는 천룡8부 등이 지키는 영역이 전탑이나 그 입구로 한정되었지만, 이제는 여러 전각으로 영역이 확장된다. 이로 인해 불교의 수호신들 역시 동아시아 사찰의 입구인 남쪽으로 독립해서 재배치된다. 이것이 바로 남북을 축으로 하는 동아시아 가람배치 구조의 완성이라고 하겠다. 즉 전탑의 수직적인 구조에서, 남북의 자오선을 축으로 수평적으로 길어지는 방식으로 가람배치가 일대 변화하게 되는 것이다.

백제 사찰인 금강사지와 군수리사지 그리고 정림사지의 변화는 거대한 목탑인 전탑 중심에서, 탑이 축소되며 남북으로 길어지는 가람배치의 변화를 잘 나타내 준다. 발굴 결과를 통한 배치도를 보면, 금강사지에서는 중심의 팔각형 전탑과 후면의 강당 사이의 거리가 가깝다는 것을 알 수 있다. 이는 사찰이 남향이라는 점과 전탑이 높았다는 점을 고려해 볼 때, 강당에 빛이 잘 들어오지 않았다는 것을 의미한다. 즉 전탑의 비중이 압도적으로 높았던 것이다.

그러나 군수리사지로 오면, 전탑이 금당을 가리기는 하지만 금당의 크기가 전탑에 비해 더 크기 때문에 그렇게까지 심각한 문제를 초래하지는 않는 것으로 볼 수 있다. 또 강당은 금당에 비해 완전히 독립적인 양상을 띠는 것이 확인된다. 즉 전탑의 약화와 그에 상응하는 독립성이 인지되는 것이다.

이러한 변화는 정림사지로 오면 더욱 뚜렷해진다. 탑은 이제 질료가 바뀐 작은 석탑이 되고, 중심이 되는 금당에 부속되는 장엄적 속성을 보이는 것이다. 그리고 이로 인해 남북을 축으로 하는 장방형의 가람배치 구조가 완성되는 측면 역시 확인해 볼 수 있다.

11.
왕궁을 본뜬 가람배치

① 붓다는 군주와 대등하다고 판단한 중국

전탑의 영향 축소로 인한 새로운 가람배치로의 변화는 왕궁 건축을 모델로 해서 신속하게 정리된다. 중국 문화에는 성인군주론聖人君主論이라는 측면이 존재한다. 즉 '최고의 군주=성인'이다. 이것이 바로 삼황·오제설三皇·五帝說이나 요堯·순舜·우禹·탕湯·문文·무武·주공周公으로 대변되는 왕조의 개국 군주를 중심으로 하는 성군론이다.

오늘날의 관점으로 보면, 정치는 수양의 문제라기보다는 기술에 가깝다. 그러나 고대인들은 수양을 바탕으로 정치가 백성과 풍속을 교화한다고 생각했다. 이로 인해 모든 군주가 곧 성인은 아니지만 성인은 반드시 군주여야 한다는 성인군주론이 만들어지게 된다. 이를 흔히 내성외왕內聖外王이라고 한다. 내성외왕은 안으로는 성인이며 밖으로는 군주라는 의미이다. 실제로 중국에서는 성인이지만 군주가 아닌 문성文聖 공자와 무성武聖 관우를, 각각 문선왕文宣王과 관성대제關聖大帝로 추증해서 성인군주론의 원칙이 무너지지 않도록 하였다.

불교가 기독교나 이슬람에 비해 중국 전파가 용이했던 배경에는 이러한 중국 문화적인 측면이 일조를 했다. 붓다는 태자 출신이기 때문에 왕은 아니지만 왕에 준하는 위치이니, 내성외왕과 유사한 구조를 갖추고 있어 중국인들이 받아들이기가 용이했던 것이다. 이는 예수나 무하마드가 예민隸民과 평민이었던 것과는 큰 차이가 있다.

　어떤 이들은 기독교나 이슬람은 중국 왕조로부터 차별을 받아 주류가 되지 못했다고 생각하기도 한다. 그러나 중국은 땅이 넓기 때문에 황제의 통지는 제한적일 수밖에 없다. 즉 외래 종교를 강하게 통제하기가 어렵다는 말이다. 이런 점에서 기독교와 이슬람의 중국 진출이 제한적이었던 것은 중국인의 관점에서 예수와 무하마드는 신분상 이들을 성인으로 받아들이기 어려운 부분이 작용했기 때문이라고 하겠다. 물론 여기에는 기독교나 이슬람이 중국 문화를 수용하는 폭이 적었던 측면도 존재한다. 그러나 근저에는 중국 문화의 성인관에 대한 측면도 작용했던 것이 사실이다.

　붓다가 태자 출신의 성인이라는 점은, 중국인들이 붓다와 불교를 군주와 궁궐과 같은 관점에서 수용하기 쉽게 하는 배경이 된다. 물론 여기에는 중국 최초의 사찰인 백마사가 홍로시라는 국가의 영빈관을 개조한 것이라는 측면이 존재한다. 즉 중국불교의 가람배치 구조에는 왕궁과 같은 국가시설과 결합할 수 있는 공통분모가 여럿 존재했다. 이로 인해 사찰은 왕궁 건축에서처럼 남향을 중심으로 핵심 전각에 도달하기 전에 3문이나 5문을 두는 구조가 확립된다. 이와 같은 양상은 중국 산동성 곡부曲阜의 공자를 모신 공묘孔廟 등에서 확인되는 모습이기도 하다.

11. 왕궁을 본뜬 가람배치

중국 산동성 곡부의 대성전. 전각의 규모 및 황기와 돌로 된 용장식이 자금성에 비견되곤 한다.

공묘 대성전의 내부 모습

붓다는 성인이기 때문에 엄격하게는 황제의 위계를 가진다. 이는 제후국인 조선에서는 조선의 임금보다도 붓다가 더 높다는 것을 의미한다. 그래서 사찰은 황색을 마음대로 사용하는 반면, 조선의 임금들은 금색만큼은 함부로 사용할 수 없었다.

또 사찰에서는 조선 임금의 위패를 모시고 재齋를 지낼 때, 아랫사람의 예로서 위패를 남쪽에 놓고 북쪽을 보도록 했다. '군주남면君主南面 신하북면臣下北面', 즉 군주는 남쪽을 보고 신하는 북쪽을 본다는 원칙에 입각한 것이다. 이 부분이 크게 문제가 된 것이 『효종실록』 권19에 기록되어 있어 흥미롭다.

송시열宋時烈과 함께 양송兩宋으로 불린 동춘당 송준길宋浚吉은 효종 8년인 1657년에 다음과 같이 아뢰었다.

> **송준길**: 신이 듣건대, 봉은사에 우리 조정 선왕들의 위패가 봉안되어 있습니다. 그런데 재齋를 지낼 때면, 불상을 남면南面(남향)으로 설치하고 선왕의 위패는 북면北面(북향)으로 배치해 올린다고 합니다. 이는 도저히 좌시할 수 없는 일이니, 속히 처치하시기 바랍니다.
>
> **효종**: 일이 매우 놀랄 만하구나. 담당 부서로 하여금 정결한 곳에 위패를 묻어서 안치토록 하여라.

송준길이 제기하는 문제는 불상이 남면하고 선왕의 위패가 북면하는 부분이다. 이는 붓다는 높고 선왕들은 낮다는 의미이기 때문이다. 그런데 효종은 매우 놀라기는 하지만, 일의 처리는 사형 등이 아닌 위패를 땅에 묻는 매안埋安 조치뿐이다. 이 일이 숭유억불을 주장한 조선 왕실의 권위를 무너뜨린 일이기는 하지만, 그렇다고 '황제급인 성인 아래의 임금'이라는 동아시아의 원칙을 위배한 것은 아니었기 때문이다.

② 황제와 궁궐의 위상을 확보한 불교

붓다는 중국의 군주와 대등하기 때문에 황제의 위상을 가지게 된다. 이로 인해 붓다와 사찰에는 조선의 국왕과 같은 제후국의 임금을 넘어서는 특권이 부여된다. 그 대표적인 특권이 황제만의 전용 색깔인 황색의 자유로운 사용이다.

중국 북경 자금성의 황색지붕

중국 승덕 피서산장 외팔묘의 황색지붕 사찰

Ⅲ. 절과 탑의 결합

과거에 황색은 황제에게만 허용되는 신성한 색이었다. 그러므로 제후국인 조선의 임금은 제후의 복색인 붉은색을 사용하게 된다. 그러나 불상은 금빛으로 되어 있으며, 중국 같은 경우는 붓다를 모신 불전의 지붕에도 자금성과 같은 황색 기와가 사용되기도 한다.

이외에도 사찰에는 숭유억불의 조선시대에도 황제의 권위를 나타내는 쌍룡이 사용되며, 99칸의 건축 제한이 적용되지 않았다. 또 왕궁에만 허용되는 화려한 채색 단청이 사용되었고, 근정전·인정전에서와 같이 왕궁의 건물에만 붙는 '전殿'이라는 명칭이 자유롭게 쓰였다. 이는 모두 붓다와 사찰이 황제 및 궁궐 건축의 위상을 확보하고 있었기 때문에 가능한 일이었다.

③ 궁궐 건축의 3문三門·3조三朝와 가람배치

궁궐 건축의 원칙에는 3문·3조라는 것이 있다. 이는 중국의 고대 예제와 법식을 정리해 놓은 『주례周禮』의 「동관고공기冬官考工記」와 「조위침묘사직도朝位寢廟社稷圖」를 통해서 확인된다. 쉽게 말하면 궁궐은 3개의 문과 3개의 권역을 갖추어야 한다는 의미이다.

이런 원칙에 비교적 충실하게 건축되었다고 하는 것이 조선의 정궁正宮(법궁)인 경복궁이다. 이를 통해서 보면, 경복궁의 정문인 ❶광화문光化門-고문庫門 → ❷근정문勤政門-치문雉門 → ❸향오문響五門-노문路門의 세 문이 3문에 해당한다. 또 3조는 각각 ❶치조治朝 ❷외조外朝 ❸연조燕朝를 가리킨다. 여기에서의 치조란 왕이 정무를 보는 공간이며, 외조란 신하들이 모여서 국사를 의논하는 영역이다. 그리고 마지막 연조는 내조內朝라고도 하는데, 왕의 주거공간이다.

우리나라의 가람배치는 이러한 3문·3조의 원칙을 기본으로 한다. 그래서 ❶일주문一柱門 → ❷천왕문天王門 → ❸해탈문解脫門의 3문 구조를 기본으로 갖추고 있고, 치조에 해당하는 신앙의 중심인 주불전主佛殿(중심 전각의 의미로 임진왜란 이후에는 일반적으로 대웅전이 됨)과 그 주변으로는 외조에 해당하는 작은 전각 및 부속 건물들이 배치된다. 그리고 내조에 해당하는 승려들의 생활공간이 존재한다. 즉 동아시아의 궁궐 건축 법식에 기준해서 불교적으로 재구성되어 있는 것이 바로 동아시아 사찰의 가람배치이다.

흥미로운 것은 김천 직지사나 속리산 법주사 그리고 예산 수덕사나 하동 쌍계사 등에는 일주문과 천왕문 사이에 수문신守門神 격인 금강문金剛門이 설치되어 있다. 즉 3문이 아니라 4문인 셈이다. 이러한 금강역사와 사천왕의 이중구조는 중국 장안의 용문석굴龍門石窟 봉선사동奉先寺洞이나 우리나라 석굴암 등에서 확인되는 불교적 수호신의 특징적인 배치 방식이다. 가람배치는 큰 틀에서는 궁궐 건축 구조를 따르면서도 상황에 따라서는 불교적인 변화를 드러내고 있는 것이다.

그러나 4천왕이 동·서·남·북의 네 방위를 관장하는 악惡을 제압하는 방위신과 같은 존재임에도 불구하고, 가람배치가 남북을 축으로 하는 긴 장방형의 왕궁 건축에 입각하기 때문에 사천왕은 4방에 존재하지 않고 남쪽의 정문 쪽 천왕문에 몰려 있게 된다. 이는 동아시아 궁궐 건축을 수용해서 불교적인 관점이 변형된 부분이다.

또 이렇게 되자 금강역사와 사천왕의 역할이 중복되면서 점차 금강문은 사

부산 범어사 일주문

하동 쌍계사 일주문

11. 왕궁을 본뜬 가람배치

보은 법주사 금강문

예산 수덕사 금강문

라지고 4문이 아닌 3문 구조를 완성하게 된다. 여기에는 또 4라는 숫자가 '죽을 사死'와 발음이 같아서, 동아시아 전통에서는 기피한다는 점이 작용하였다. 이렇게 왕궁 건축을 바탕으로 불교적인 특징이 반영되어 완성되는 것이 바로 동아시아와 우리나라의 가람배치라고 하겠다.

당나라 때 측천무후가 조성한 용문석굴의 노사나동 전경
금강역사와 4천왕의 이중구조를 살펴볼 수 있는 좋은 예이다.

11. 왕궁을 본뜬 가람배치

평창 월정사의 천왕문. 4천왕이 한곳에 모여 있다.

화성 용주사의 삼계불도(서방 아미타불, 중앙 석가모니불, 동방 약사여래불)
4천왕이 네 모서리에 배치되어 있다.

11. 왕궁을 본뜬 가람배치

12.
계곡을 따라 흐르는 변화

① 사찰의 3문이 내포하는 의미

중국은 평지 국가이며, 조선의 숭유억불과 같은 왕조에 의한 대규모의 불교 탄압 시기를 거치지 않았다. 그렇기 때문에 중국의 사찰들은 도시 안에 위치하는 경우가 많다. 이는 중국의 사찰이 우리의 산사와 달리 넓은 면적을 차지하지 못한다는 것을 의미한다. 다만 평지에 있기 때문에 중국의 사찰 구조는 매우 규칙적이고 반듯하다. 이에 비해 우리나라의 사찰들은 산에 의지한 산사이다 보니, 일정한 규칙이 있지만 일률적이지 못하고 산만해 보이는 측면이 존재한다.

우리의 가람배치는 왕궁 건축에 입각하여 일주문 → 천왕문 → 해탈문의 3문 구조를 기본으로 한다. 사찰의 첫 번째 문인 일주문은 기둥이 한 줄로 늘어서 있다는 뜻으로, 이 문의 너머가 신성한 성역聖域이라는 것을 상징한다. 일주문의 기원은 인도탑 앞에 배치되는 문인 토라나에서 시작되는데, 이 토라나가 동아시아에서 분화되어 각각 일주문一柱門과 홍살문紅箭門으로 변모하게 된다.

두 번째 문인 천왕문은 이 세계의 4방위를 다스리는 네 명의 천신을 모신

인도 보팔 산치대탑의 토라나

현대의 월정사 일주문

12. 계곡을 따라 흐르는 변화

홍살문이 일주문으로도 사용된 예를 보여 주는 월정사 일주문. 김홍도가 그린 것으로 전해진다.

오대산 사고의 홍살문. 월정사의 일주문과 같은 형태임을 알 수 있다.

공간이다. 이들은 각각 동방-지국천왕·남방-증장천왕·서방-광목천왕·북방-다문천왕으로 4천왕의 맹주는 북방의 다문천왕이다. 4천왕이 인간세계를 주관하면서 악을 막는다는 내용은 인도 신화에서 기원하는데, 이 때문에 우리 사찰의 사천왕은 무복을 입은 무서운 표정을 짓고 있다. 이는 모든 방위의 악을 제압하고 부처님의 성소인 사찰을 호위하겠다는 의미이다. 지리산 천왕봉 같은 명칭은 이러한 사천왕 신앙과, 사천왕이 사왕천이라는 신들만이 거주하는 높은 산에 위치하고 있기 때문에 붙은 이름이다.

　마지막 세 번째는 해탈문으로 이 문 너머인 주불전의 공간이 곧 불교의 이상향인 해탈의 세계라는 의미를 내포한다. 해탈문의 다른 이름은 둘이 아니라는 의미의 불이문不二門이다. 이는 붓다의 거주 공간인 깨달음의 절대적인 세계에는 모든 대립이 존재하지 않음을 상징한다.

양산 통도사의 불이문

② 해탈문 안쪽은 부처님의 세계

해탈문의 안쪽에는 주불전이 배치된다. 주불전은 해당 사찰에서 가장 핵심이 되는 중심전각을 의미한다. 임진왜란 이전에는 불교가 번성했던 고려시대의 유풍이 남아 있어, 화엄종-대적광전비로자나불 / 천태종-원통보전관세음보살 / 법상종-자씨보전미륵불 등의 종파불교에 입각한 다양성이 존재했다. 그러나 임진왜란과 병자호란의 양란을 거치면서, 승군의 적극적인 참여로 인해 많은 사찰이 소실되고 이후 중건되는 과정에서 주불전은 석가모니를 모신 대웅전으로 일반화된다. 즉 조선 후기부터는 '주불전=대웅전'이라고 생각해도 큰 문제가 없는

구례 화엄사의 각황전   각황전 내부

조선 후기의 사찰 변화로 두드러지는 것은 총 3가지이다.

첫째, 주불전이 대웅전으로 통일된다. 물론 해인사-대적광전 등 아직도 주불전이 대웅전이 아닌 경우도 일부 남아 있다.

둘째, 수미단의 등장과 일반화이다. 불교문화에 익숙한 분들도 수미단이 오래된 전통이라고 생각하는 경우가 있다. 그러나 수미단은 유교 사회에서 신도가 법당 안으로 들어가는 상황이 되면서, 부처님과 경계를 나누어야 하는 **특수성**이 반영되어 조선 후기에 새롭게 도입되는 장치이다.

셋째, 온돌의 보편화와 신발을 벗는 법당 문화이다. 우리의 온돌 문화는 기원전으로까지 소급된다. 그러나 온돌이 오늘날처럼 일반화되는 것은 조선 후기이다. 온돌의 일반화는 실내에서 신발을 벗는 문화를 초래한다. 이로 인해 법당에 마루가 깔리며 신발을 벗는 방식이 일반화된다. 그 이전에는 법당에 보도블록과 같은 전돌이 깔리고, 신발을 신은 채로 출입했다. 이와 같은 측면은 중국의 사찰 문화 속에서 오늘날까지 확인해 볼 수 있다. 임진왜란 이후 벽암각성에 의해 중건된 구례 화엄사의 각황전 등에는 아직도 바닥이 전돌로 되어 있는 것을 확인해 볼 수 있다(현재는 그 위에 나무판을 덧대어 마루처럼 해 놓은 상태이다).

것이다.

　대웅전 내부에는 석가모니 부처님이 깨달음을 증득하는 정각正覺의 순간을 상징하는 항마촉지인降魔觸地印(손가락을 땅에 대어 마왕을 항복시키는 자세)의 자세로 모셔져 있다.

　주불전대웅전의 좌우로는 일반적으로 지장전이나 삼성각과 같은 부속전각

통도사의 범종루

들이 위치한다. 그리고 조금 앞쪽의 좌우에는 대칭적으로 좌측에 심검당과 우측에 설선당이 배치된다. 심검당은 마음의 검을 찾는다는 의미로 참선 즉 명상을 하는 선의 공간을 의미하며, 설선당은 선을 설한다는 뜻으로 공부와 관련된 교육공간을 나타낸다. 즉 선과 교가 주불전의 좌우에 배치되는 것이다. 그리고 해탈문의 측면이나 인근에는 범종이나 법고 등을 모신 종각이나 누각 등이 배치된다.

사찰에서는 범종·법고·목어·운판을 불전4물이라고 하여, 예불 전에 울리는 신호 용구이자 장엄용 악기로 사용한다. 이 중 종과 북은 과거에는 군주의 권위를 상징하는 도구였다. 이를 사찰에서는 명칭만 범종梵鐘과 법고法鼓라고 하여 차별화하고, 부처님을 장엄하는 용도로 사용한다. 이런 점에서도 사찰은 한 번 더 군주의 권위를 부여받고 있는 셈이다.

③ 산세를 따라서 흐르는 가람배치

우리나라의 사찰은 조선을 거치면서 주로 산사 위주로 남게 된다. 산이란 정형화된 지형이 아니며, 산사에서 가장 중요한 요소는 물 즉 계곡이다. 이렇다 보니 산사 역시 계곡을 따라 뱀처럼 구불구불해지는 가람배치를 보이게 된다.

해탈문 안쪽은 절의 중심 공간이므로 방형의 입 구口 자 구조로 반듯하게 터가 닦인 모습을 취한다. 그러나 삼문과 같은 입구는 계곡 길을 따라서 함께 출렁이고 있는 모습을 보이곤 한다. 이것은 어떤 면에서는 한국 산사만이 가지는 자연스러운 멋이다.

그러나 종교미술은 일정한 패턴 즉 법칙성을 가진다는 점에서, 지형 지세에 따른 차이는 있지만 근본적인 가람배치 순서에는 변화가 있을 수 없다. 즉 똑같은 구조에 입각한 똑같은 순서로 건물들이 들어서 있는 것이다. 그러므로 한 번만 가람배치의 구조를 이해하면 모든 사찰의 구조를 알 수 있게 된다.

폐사지에 얽힌 전설에는 절이 없어지기 전에 '빈대가 들끓었다.'는 이야기가 전해지곤 한다. 이는 어느 때 폭우 등으로 인해 계곡의 물길이 바뀌어 절이 더 이상 물을 구할 수 없었음을 반영한다. 즉 산사는 대자연의 변화와 더불어 산의 변화에 따라서 존폐마저도 결정되는 가장 자연스러운 인위의 산물인 것이다.

통도사 전경

IV

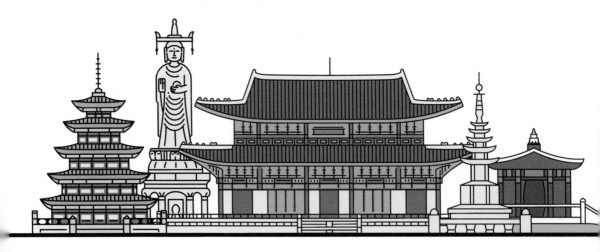

전각이란?

1.
전각의 의미와 종류

① 선을 강조하는 목조건축

우리나라의 화강암은 단단하기 때문에 가공이 어려우며, 우리나라는 기후적으로도 춥다. 그렇기 때문에 온난하며 돌결이 무른 대리석을 사용한 그리스·로마와 달리 왕궁이나 사찰 건축에서 석재는 주된 건축 재료로 사용되지 않는다. 반면 나무는 다루기 쉽고 보온성이 높다. 또 우리나라는 산지가 많기 때문에 좋은 목재들을 구하기가 용이했다. 이로 인해 목조건축이 발달하게 된다.

목조건축은 기후조건이 유사한 동아시아 삼국에서 모두 확인된다. 목조건축의 가장 큰 장점은 멋스러운 선, 즉 '선의 미학'에 있다. 그러나 삼국의 건축에서 확인되는 선은, 동일한 목재를 사용하면서도 미묘한 차이를 보이고 있어 주목된다.

먼저 중국 건축의 선은 보다 강렬한 자연을 추구하는 쪽으로 발전한다. 그래서 다소 과장되고 인위적인 자연의 선을 연출하는 모습을 발견할 수 있다. 이에 반해 일본의 건축에서는 자연을 절제하고 관리해, 이를 애써 끌어들이려는 모습을 보인다. 이로 인해 일본의 건축은 정갈하고 깔끔한 인상을 준다.

중국 구화산의 김지장 스님
등신불이 안치된 육신보전

일본의 3대 정원 중 한 곳인
코라쿠엔 정원의 건축물

보은 법주사 대웅보전

그러나 자연은 정갈하지 않은 본래의 모습이 아름답다는 것을 우리는 인지해야 한다. 이런 점에서 자연을 그대로 빌려온 듯한 한국 건축이야말로 비인위적인 선의 소박함을 가장 두드러지게 내보인다. 이것이 바로 한국 건축만의 맛이며 멋이다.

② 한옥 선에서 확인되는 차이

우리 전통 한옥의 외형에는 직선이 없다. 그렇다고 원을 추구하지도 않는다. 마치 산등성이를 따라 흘러가는 바람처럼 유연한 선으로 전체를 일관하는 것이 바로 우리의 한옥이다. 이 중 사찰 건축은 왕궁 건축이나 유교 건축보다 더 유려하다. 그것은 산속에서 오랜 기간 자연을 벗삼은 전통의 향기에 따른 결과일 것이다.

왕궁 건축은 군주의 권위를 드러내려고 한다. 그렇다 보니 같은 한옥이라도 좀 더 과장되고 위엄을 표현하는 측면이 존재하게 된다. 유교 건축은 사찰 건축에 비해 반듯함을 추구한다. 물론 우리의 유교 건축이 일본 건축에서 나타나는 정도의 반듯함을 보이는 것은 아니다. 그러나 사찰 건축의 부드러운 선에 비해서 경직된 느낌이 드는 것은 사실이다. 물론 현대의 직선 건축에 익숙한 사람들의 눈으로 본다면, 한옥은 어떤 것을 막론하고 곡선 건축으로만 보일 뿐이다. 그러나 어두운 곳에 들어가도 익숙해지면 그 속에 다시금 명암이 존재하는 것처럼 한옥 건축 속에도 분명한 차이가 존재한다.

경복궁 근정전

창덕궁 인정전

IV. 전각이란?

경주 향교의 대성전 일원

1. 전각의 의미와 종류

③ 사찰 건축물의 위계 구분

사찰 건축에는 건물의 위치와 사는 주체가 누구인가에 의해 건물의 위계가 결정되고, 이에 따라 건축 구조와 방식도 달라진다. 절에서 남북의 자오선 축에 위치하는 건물은 가장 핵심이 되는 건축물이다. 또 이러한 중심축 안에서도 뒤쪽, 즉 북쪽으로 갈수록 건물의 중요도는 더욱 커진다. 이 원칙에 의하면 주불전은 중심축의 가장 후면에 위치하는 것이 일반적임을 알 수 있다.

또 사찰 건물의 중요도를 판단하는 방법 중 하나는 건물의 명칭 즉 편액의 맨 뒤에 붙은 글자를 확인하는 것이다. 대웅전大雄殿이나 대광명전大光明殿(비로자나불)과 같이 맨 뒤에 '전殿' 자가 붙는다면, 그것은 건물 속의 주체가 불·보살이라는 것을 의미한다. 그리고 삼성각三聖閣·진영각眞影閣과 같이 '각閣' 자가 붙는다면, 그것은 전보다는 위계가 떨어지는 건물이라고 판단하면 된다. 일반적으로 각 안에는 산신과 같은 신이나, 해당 사찰과 관련된 돌아가신 큰스님 등이 모셔지곤 한다.

전과 각은 사찰에서 위계가 높은 건축물을 가리키는 표현으로, 그 속에는 신앙의 대상이 모셔진다. 그러므로 한옥 건축물을 대표하는 표현으로 '전각'이라는 말이 사용되는 것이다.

이외에도 다층건물은 과거에는 무조건 고급건물이었다. 이 중 사찰에서 볼 수 있는 건물이 2층으로 된 개방건물 즉 '누樓'이다. 누는 종루나 만세루와 같은 명칭에서 쉽게 확인되는데, 이러한 누 역시 고급건축이므로 대표 한옥을 지칭할 때 '전각'과 함께 '누각'이라는 표현이 사용되기도 한다. 이상과 같은 전·각·

오대산 중대의 적멸보궁

사찰의 최고 건축에 '전殿' 자가 붙는 것에 반해 도교에서는 '궁宮' 자를 붙인다. 상청궁上淸宮이나 태청궁太淸宮 따위이다. 전과 궁은 모두 중국 황궁의 명칭에서 유래하였다. 사찰이 전체를 궁과 같은 의미로 상정하고 그 안의 중심 건축물을 전으로 한 것에 비해, 도교에서는 도관의 각 건축물을 궁으로 칭하는 것이다.

흥미로운 것은 붓다의 사리를 모신 곳을 '적멸보궁寂滅寶宮'이라고 한다는 점이다. 이는 조선 후기에 평창 오대산 중대에서 확립된 명칭이다. 오대산에는 불교 이전에 도교적인 영향이 존재했는데, 이것이 반영된 측면으로 이해된다.

누만이 위계가 높은 대표성을 인정받기 때문에, 이곳에만 울긋불긋한 채색인 단청이 가해진다. 고급건물에만 채색이 입혀진다는 점은 채색의 유무를 통해서도 건물의 위상을 판단하는 것이 가능하다는 사실을 의미한다.

사찰에서 전·각·누는 신앙과 관련된 건물이다. 이에 비해 성적당性寂堂이

사찰의 전각과 누각, 요사채(위쪽부터 대웅보전, 범종루, 요사채)

IV. 전각이란?

나 향적당香積堂 등에서 확인되는 '당堂'이나 청풍료淸風寮나 육화료六和寮 등의 '요寮'는 승려들의 생활 건물로 단청이 칠해지지 않는다. 이를 붙여서 '당요堂寮'라고 하기도 하는데, 일반적으로는 요사 또는 요사채라고 통칭한다.

승려들의 생활공간은 사찰의 신앙 동선과 분리된 주변부나 별도의 공간에 존재한다. 그러므로 외부인이 사찰을 찾을 때는 잘 보지 못하는 경우가 많다. 그러나 이 요사야말로 사찰을 움직이는 실질적인 실용 공간이라는 점에서, 신앙 건축군과 더불어 두 날개를 형성하고 있다는 판단도 가능하다.

1. 전각의 의미와 종류

2.
한옥 건축의 구조와 특징

① 불과 물에 약한 한옥의 단점

목재는 다루기 쉽지만 화재와 습기에 취약한 단점이 있다. 화재는 주의하는 것 말고는 딱히 방법이 없다. 그렇기 때문에 새로운 불을 피우는 한식은 설·추석·단오와 함께 우리의 전통적인 4대 명절 중 하나가 된다. 또 불을 관리하는 부엌과 관련해서 조왕신 신앙이 발전하게 되는데, 이로 인해 조왕신은 가택 내에서 가장 중요한 신으로 여겨진다. 목조 건축에 있어서 불은 조심하는 것 외에는 방법이 없고, 실제로 우리 조상들은 그렇게 해 왔다.

그러나 물은 상황이 다르다. 제아무리 관리를 잘한다고 해도 점진적으로 목재를 부식시키기 때문에 목조 건축에서는 물의 피해를 최소화하는 방법이 발전하게 된다.

② 물을 차단하기 위한 노력

물에 의한 피해를 최소화하는 방법은 크게 두 가지가 있다.

불교의식문 중 〈산신청山神請〉에는 "내호조왕內護竈王 외호산신外護山神"이라는 구절이 있다. 집 안에서는 조왕 즉 부뚜막신이 보호하고, 집 밖에서는 산신이 수호해 준다는 의미이다. 이를 보면 집 안의 신으로는 성주신이나 측간신(화장실)보다도 조왕신이 더 강한 존재임을 알 수 있다. 난방과 취사가 필수인 상태에서 목조나 초가집 구조는 불 관리에 만전을 기할 수밖에 없었기 때문이다.

그런데 흥미로운 것은 부뚜막과 관련된 아궁이가 인도 신화 속 불의 신인 아그니에서 유래했다는 점이다. 참고로 중국의 불의 발명자는 축융씨祝融氏이다. 이런 점에서 본다면, 불교가 오히려 우리의 민속 구조 속에 더욱 강력하게 자리잡고 있음을 알 수 있다.

또 과거 우리나라에는 호랑이와 표범의 개체 수가 많았기 때문에 산신 숭배가 강력하다. 이는 사찰로도 들어와서, 삼성각과 산신각 그리고 산령각에 산신이 모셔지는 이유가 된다. 흥미로운 것은 한 사찰 안에서 두 곳에 모셔지는 대상은 석가모니와 지장보살 외에는 거의 없는데, 불교의 신앙 대상이 아닌 산신이 두 곳에서 모셔지기도 하는 것이다.

석가모니는 대웅전/팔상전/영산전 등에 여러 번 모셔지며, 지장보살은 지장전/시왕전/명부전 등에서 모셔지기 때문이다. 그런데 산신 역시 삼성각과 산신각을 통해서 두 번 모셔지기도 하는데 이는 '호환마마'라는 말처럼, 과거 호랑이에게 화를 입는 호환이 얼마나 빈번하고 공포스러웠는지를 잘 나타내 준다.

호랑이와 관련해서 재미있는 사실은, 호랑이와 표범은 엄연히 다름에도 불구하고 우리는 '범 호虎'라고 해서 양자를 구분하지 않는다는 점이다. 이는 오늘날에도 12지에서 호랑이띠와 범띠를 혼용하는 것을 통해 확인할 수 있다.

조왕신(좌)과 산신(우)

첫째는 지붕과 관련된 것으로, 기와를 중첩해서 쌓는 것과 처마를 길게 뽑는 것이 여기에 해당한다. 한옥의 기와는 보통 한 겹이라고 생각하기 쉽지만 위아래를 맞물려서 겹쳐 쌓기 때문에 실질적으로는 2겹이 된다. 이렇게 처리하는 이유는 동파 등에 의해 기와가 한 장 깨지더라도 곧장 물이 새지 않게 하기 위해서이다.

또 처마를 길게 빼는 것은 분명 빗방울 등의 물이 들이치는 것을 막는 데 유용하다. 그러나 너무 긴 처마는 채광을 방해해서 건물 내부를 춥고 어둡게 만든다. 이를 해결하는 방법이, 들이치는 비를 최소화하고 채광에는 문제가 없는 30도 정도로 처마 각도를 유지하는 것이다. 30도는 우리나라의 위도에서 태양의 각도를 고려해 여름에는 건물 내부로 햇빛이 들어오지 않고, 겨울에는 건물 안쪽까지 빛이 들어오게 하는 최상의 적정점을 찾은 결과이다. 그러나 30도의 처마 각도는 건물 기둥의 맨 아래쪽을 빗물로부터 보호하지 못하는 문제가 발생한다. 이 문제를 해결하는 것이 처마선 안으로 단을 쌓아 올리는 건축 기단이다.

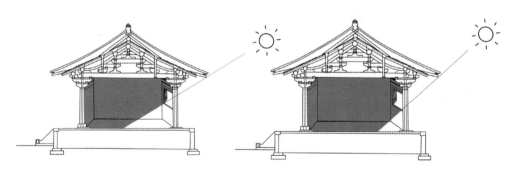

한옥의 처마 각도 30도는 여름에 햇빛을 차단하고 겨울에는 햇빛을 들이는 적정 각도이다.

둘째는 건축 기단과 주춧돌의 사용이다. 기단은 대지를 단단하게 해서 건축물의 하중을 견디는 역할을 한다. 또 물과 습기는 낮은 쪽으로 흐르기 때문에 기단을 높게 만들면 그곳은 상대적으로 건조해지게 된다. 이는 목재의 부식을 최소화하고 내부 공간을 쾌적하고 따뜻하게 만드는 데 도움을 준다.

이외에 기단은 처마선 안쪽에 위치하게 되는데, 이는 지붕의 기와를 타고 흘러 떨어지는 낙숫물이 목조 기둥으로 튀는 각도를 줄여 줘서 건축물을 보호하는 역할을 한다. 또 나무 기둥은 흙과 직접적으로 닿게 될 경우 습기를 빨아들이게 된다. 이 문제를 차단하기 위해 고안된 것이 바로 주춧돌이다. 즉 주춧돌을 통해 지면에서 올라오는 습기가 목재 기둥에 직접 전달되지 않도록 하고 있는 것이다.

이상과 같은 다양한 방법을 통해서 한옥 건축은 물에 의한 목재 부식을 최소화하게 된다. 이렇기 때문에 고려시대에 건축된 목조건축물이 왕조를 뛰어넘어 오늘날까지도 남아 있을 수 있는 것이다. 또 여기에는 목재의 부식과 곤충에 의한 피해를 막아 주는 단청 역시 한몫을 했다.

기단과 주춧돌

2. 한옥 건축의 구조와 특징

③ 철의 사용을 대체한 결구

한옥 건축은 지면에 기둥을 박는 구조가 아닌 주춧돌 위에 기둥을 세우는 방식으로 되어 있다. 이는 건물의 핵심을 이루는 기둥들이 배우 불안정한 상태로 존재한다는 것을 의미한다. 이 부분을 해결하는 것이 바로 기둥과 기둥 사이를 짜맞추어 연결하는 결구이다.

석조에는 나비장과 같은 쇠를 통한 결합이 가능하다. 돌은 항상하여 변하지 않는 건축 재료로서 한 번 철로 고정시켜 놓으면 강력한 견고함이 오래도록 유지되기 때문이다.

그러나 목조건축에는 쇠못과 같은 금속성 재료를 사용할 수 없다. 왜냐하면 목재는 죽어 있는 것이지만, 그럼에도 계절에 따른 습도의 변화에 의해 수축과 팽창을 반복하기 때문이다. 이때 함께 수축하고 팽창하지 못하는 못을 사용하게 되면 그 부분에서 균열이나 터짐 현상이 발생해 결국 건축물 자체가 위험

돌과 돌을 연결하는 쇠를 넣었던 홈

해진다. 이로 인해 목재를 연결하는 방법으로 목재와 목재를 서로 깎아서 짜 맞추는 결구 방식이 사용되는 것이다. 같은 목재끼리는 팽창과 수축을 반복해도 서로 밀고 당기는 과정에서 심각한 문제를 만들지 않기 때문이다.

그러나 결구가 되어 있다고 하더라도 주춧돌 위에 기둥이 세워진 불완전한 방식이 안정감을 얻으려면 무거운 하중을 통한 고정이 필요하다. 이런 점에서 이중으로 쌓인 기와와 그 기와를 받치는 진흙과 적심의 존재는 중요하다. 제대로 지어진 한옥의 지붕은 보통 1평에 약 1톤의 무게를 가진다. 이는 한옥의 특수성이 반영된 측면이다. 또 이와 같은 두꺼운 지붕은 단열재 역할을 해서, 여름에는 태양열을 차단해 실내가 시원하도록 하고 겨울에는 온기를 보호해 내부가 따뜻할 수 있도록 한다.

결구

2. 한옥 건축의 구조와 특징

우리가 현재까지 인지하고 있는 최대의 목조건축물은, 자장율사의 건의에 의해 645~646년에 완성된 높이 약 80m에 달하는 황룡사구층목탑이다. 그런데 이 황룡사구층목탑 역시 못을 사용하지 않고 결구에 의해 상부의 하중만으로 유지된 건축이다. 이런 점에서 본다면 황룡사구층목탑은 대단한 설계와 인내의 결실이었다고 할 수 있다. 그렇기 때문에 당시의 신라 기술만으로는 부족하여 적국인 백제의 명장 아비지가 초청되기에 이르렀던 것이다.

황룡사구층목탑은 건립 이후 진흥왕(재위 540~576)이 완성한 황룡사장육존상과 진평왕(재위 579~632)의 천사옥대天賜玉帶(하늘의 제석천이 하사한 옥으로 된 허리띠)와 더불어 신라의 삼보로 당당하게 자리매김하게 된다.

경주 황룡사 역사문화관의 장육존상 상상도

2. 한옥 건축의 구조와 특징

3.
고려시대 건축물과 불교

① 고려시대 건물이라는 의미

조선은 1392년에 개국된다. 그러므로 고려시대 건물이란 최소한 600년 이상 경과했다는 것을 의미한다. 한옥이 제아무리 물기를 효율적으로 차단한다고 해도, 목재가 구조적인 결함 없이 600년 이상을 견뎌 낸다는 것이 가능할까? 그것은 사실 불가능하다.

　한옥 기와의 수명은 대략 20~30년 정도이다. 지금이야 공장에서 일률적인 크기의 기와를 만들지만, 과거에는 각 지역에서 기후적인 특징과 건물의 크기 등을 고려해 기와가 만들어졌다. 그래서 기와 수명도 편차가 다양했다. 비와 바람이 많은 제주도와 눈과 추위가 심한 강원도가 같은 기와를 사용한다면, 그것이 오히려 문제라고 하겠다.

　기와에 지역적인 차이가 있는 것과 별개로, 우리나라에는 산이 많아 조직이 치밀한 황토가 부족하다. 그렇다 보니 비가 오면 기와에 물이 스미는데, 이것이 얼고 녹기를 반복하면 결국 기와에 균열이 가고 파손되는 상황이 발생한다. 이 기간이 기와의 수명인 대략 20~30년인 것이다. 즉 이 정도의 주기로 한옥의 기와는 계속 바뀐다. 이러한 상황을 고려한다면 고려시대 건축물이라고 하더라도 그곳에 사용된 기와는 현대의 기와일 뿐임을 알게 된다. 그러면 다른 건축 부분들은 어떨까?

목재는 나무라는 생물에서 시작된 건축 재료이다. 그렇다 보니 동일한 크기의 서까래로 재단되었다고 하더라도 조밀도 등에 의해 부식되는 기간에 차이가 발생하기 마련이다. 일부의 서까래나 기둥이 부식된다면, 목조건축은 짜 맞추어진 것이기 때문에 해체되어 그 부분의 해당 목재가 교체된다. 이런 식으로 차례로 교체되면서 원형을 유지한 것이 600년을 넘었다는 뜻이지, 처음의 원형을 그대로 유지한 채 600년 이상 되었다는 의미는 아니다. 즉 고려시대의 건축물이라는 의미는 고려시대에 만들어진 원형이 유지되었다는 것이지, 고려시대의 질료가 유전한다는 뜻은 아닌 것이다.

이렇게 생각해 보면, 어떤 건물은 고려시대의 처음 부재가 전혀 남아 있지 않고 전부 교체되었을 가능성도 제기될 수 있다. 이런 문제로 인해 서양에서 동아시아 목조건물의 연대를 신뢰할 수 없다는 반론이 제기되기도 하였다. 석조건물 중심인 그리스·로마 건축은 당시의 형태와 재료가 그대로 유지되는 반면, 동아시아 목조건축은 형태만 유지될 뿐 질료는 계속해서 교체되기 때문이다. 이는 건물의 정체성을 어떻게 판단할 것이냐의 문제를 내포하고 있는 민감한 부분일 수 있다.

그러나 한 가지 분명한 것은, 석조건축과 목조건축에는 제작의 차이가 존재하기 때문에 일률적인 기준으로 판단될 수 있는 문제가 아니라는 점이다. 마치 서양의 유화는 지난한 수정작업을 거쳐서 완성되는 반면 동양의 수묵화는 그리스에서는 '테세우스의 배'라는 난제가 있다. 아테네의 영웅 테세우스가 미노타우로스를 죽이고 귀환한 배를 아테네인들은 기념으로 길이 보존했다. 그런데 수백 년이 흐르는 동안 배를 구성하는 구조물들이 보수되는 과정에서 차례로 바뀌게 된다. 이 배를 과연 테세우스의 배라고 할 수 있느냐는 것이다. 이 이야기는 사물의 변화와 정체성의 지속에 관한 형이상학적 난제 중 하나이다. 이런 테세우스의 배와 같은 논점이 동아시아의 목조건축에도 존재하는 것이다.

16세기 초 그려진 것으로 추정되는 작자 미상의 〈테세우스와 미노타우로스〉

일회성으로 완성되지만, 이러한 제작 기법의 차이가 예술성을 규정할 수는 없는 것처럼 말이다.

② 현존하는 고려시대 건축물

현재 우리나라에 남아 있는 고려시대 건물은 총 5점이다.

첫째는 1200년경의 추정연대를 가지는 국보 제15호인 안동 봉정사의 극락전이다. 극락전이란 아미타불을 모신 전각이라는 의미이다. 그러나 이 건물은 본래는 대장전大藏殿 즉 목조경판과 경전을 보관하던 건물이었다. 실제로 건물의 형태를 보면 공기가 잘 순환될 수 있는 큰 창문을 갖추고 있다는 것을 알 수 있다. 이는 이 건물이 본래 목판과 경전을 보관하기 위한 용도로 지어졌음을 분명히 해 준다. 1363년에 지붕을 대대적으로 수리한 기록이 있어, 최초의 건축은 1200년경으로 추정되고 있으며 현존하는 가장 오래된 건축물이다.

둘째는 1308년에 건축된 국보 제49호인 예산 수덕사 대웅전이다. 수덕사 대웅전은 석가모니불을 모신 수덕사의 주불전으로 건물의 크기가 크고 웅장하다는 점에서, 봉정사 극락전과는 건물의 위상에 차이가 있다. 또 1308년이라는 절대연대를 가졌는데 연대가 분명한 가장 오래된 건축물이라는 점에서도 의미가 부여된다.

셋째는 1375년에 건축된 국보 제14호인 영천 은해사 거조암 영산전靈山殿이다. 영산전은 석가모니를 중심으로 붓다의 제자인 아라한들을 모신 전각이다. 고려 말에는 나한신앙이 유행하는데, 이는 고려불화의 〈나한도〉나 북한의 고려시대 건축물인 성불사 응진전應眞殿(나한전의 다른 명칭)과 석왕사 응진전의 존재를 통해서 확인해 볼 수 있다. 응진應眞이란 아라한의 번역어로 응진전은 영산전과 유사한 나한신앙을 대변하는 전각이다.

넷째는 1376년에 건축된 국보 제18호인 영주 부석사 무량수전無量壽殿이다. 무량수전의 무량수는 아미타불에 대한 번역이다. 그러므로 무량수전은 아미타불을 모신 전각이다.

부석사는 의상대사가 676년에 창건한 화엄종의 사찰이며, 무량수전은 부석사의 주불전이다. 의상은 사상적으로는 화엄을 견지하지만, 신앙적으로는 아

아미타불은 인도말로 아미타유스(Amitayus: Infinite Life: 무량수불無量壽佛) 또는 아미타바(Amitabha: Infinite Light: 무량광불無量光佛)로 불린다. 아미타불에는 영원한 생명과 무량한 광명이라는 두 가지 속성이 존재하기 때문이다. 두 속성의 공통점을 취해 사용하는 것이 바로 '아미타불'이다. 이 때문에 '아미타전阿彌陀殿'이나 이의 축약인 '미타전彌陀殿'이라는 전각 이름을 사용하기도 한다.

또 오랜 장수를 기원하던 과거에는 광명보다는 수명을 더 좋아했기 때문에 '무량수전無量壽殿'이라는 명칭을 선호한다. 영주 부석사 무량수전이 대표적이다. 일반적으로는 아미타불의 세계인 극락을 지칭하는 '극락전極樂殿'이라는 명칭이 가장 널리 통용된다.

오대산 월정사의 수광전 전경

그러나 때에 따라서는 아미타불의 중심 속성인 '수명과 광명'을 결합하여 '수광전壽光殿'이라고도 한다. 조선 후기 석굴암이 수광전으로 불렸고, 오대산 월정사의 수광전도 널리 알려져 있다.

미타불의 극락정토를 지향했다. 부석사 무량수전의 아미타불은 극락의 방향인 서쪽으로 모셔져 있으며, 또 옆에는 좌우보처인 관세음보살과 대세지보살이 존재하지 않는다. 이는 무량수불은 무량한 수명과 능력을 가진 붓다이므로, 후계자나 보충적인 역할을 하는 좌우보처가 필요하지 않다고 보았기 때문이다. 이러한 사실은 〈부석사원융국사비명浮石寺圓融國師碑銘〉을 통해서 확인해 볼 수 있다.

마지막 다섯째는 국보 제51호인 강릉의 객사문客舍門이다. 객사문이란 객사 즉 중앙관리들이 와서 유숙하는 국립호텔의 입구 문이라는 의미이다. 공식

강릉 임영관 삼문

적인 명칭은 '강릉 임영관 삼문臨瀛館 三門'이다. 이는 고려시대의 객사 명칭이
임영관이며, 그 임영관의 정문으로 세 곳의 통로를 가진 문이라는 의미이다. 임
영관은 후에 완전히 사라지고 문만 덩그러니 남게 되었는데, 근래 들어 임영관
을 복원해 놓았다. 문을 위해서 본관이 복원된 특이한 경우인 것이다.

　객사문은 문만 남아 있다 보니, 정확한 연대 추정이 어려운 상황이다. 또 임
영관 자리는 본래 사찰이 들어서 있던 곳으로 이 문은 사찰의 문을 그대로 재활
용한 것이라고 하기도 하고, 또 폐사된 사찰의 문을 해체해서 옮겨온 것이라는
이야기도 있다. 즉 객사문은 사찰문과 관련이 있는 것이다.

예산 수덕사의 대웅전

영주 부석사의 무량수전

영천 은해사 거조암의 영산전

안동 봉정사의 극락전

③ 북한에 남아 있는 고려의 건축물

북한에도 고려시대 건축물이 3점 있는 것으로 알려져 있다. 첫째는 1327년 건축된 황해도 사리원시에 위치한 성불사 응진전이고, 둘째는 1374년 조성된 황해도 황주군에 위치한 심원사 보광전普光殿이며, 셋째는 연대가 분명하지 않은 강원도 고산군에 위치한 안변 석왕사 응진당이다.

응진전은 석가모니를 중심으로 제자들인 아라한을 모신 전각이며, 보광전은 중생들의 질병과 액난을 해결해 주는 약사여래를 모신 전각이다. 이 중 석왕사 응진전은 안타깝게도 한국전쟁 과정에서 소실되어 현재는 존재하지 않는다. 즉 남북한을 합해 고려시대의 건축물은 총 7점이 존재하는 것이다. 그런데 이들은 모두 불교와 관련된 건축물이다. 이는 불교가 우리 문화유산의 보고이며 또 문화의 견인차 역할을 해 왔다는 점을 유감없이 보여주는 대목이 아닐 수 없다.

사리원 성불사의 응진전

황주 심원사의 보광전

안변 석왕사의 응진당

260

IV. 전각이란?

4.
고려의 건축과 조선의 건축

① 발전의 개념으로만 볼 수 없는 건축

건축은 시대의 유행과 특징을 담아내는 우리 삶의 그릇이다. 이런 점에서 고려의 건축과 조선의 건축은 다를 수밖에 없다. 마치 고려시대를 대표하는 청자가 조선에서는 백자로 완전히 다른 미감을 나타내는 것처럼 말이다.

또 우리 건축의 이해에 있어서 주의할 점은, 건축기술이 후대로 오면서 계속 발전하는 것은 아니라는 점이다. 최근을 제외한 우리의 전 역사에 있어서 경제력이 가장 좋았던 시대는 통일신라이고, 그다음이 고려이다. 즉 조선은 고려보다 후대의 가장 최근 왕조지만, 경제력이나 문화력은 더 떨어지는 것이다.

신라에는 대표적인 건축물로 황룡사구층목탑이 있고, 고려에는 고려청자·고려불화·나전칠기와 같은 세계적인 명품이 존재했다. 그러나 조선에는 이러한 세계적으로 내로라할 만한 유산이 마땅하지 않다.

조선을 대표하는 문화유산에는 창덕궁과 종묘와 같은 왕궁 유적이 있다. 그러나 왕궁이나 종묘가 신라와 고려엔들 없었겠는가. 어느 왕조 국가에나 존재하는 것이 아닌가? 이렇게 놓고 본다면 조선이 문화력이 약하다는 것을 알 수 조선은 건축보다는 기록을 중시한 나라였다. 물론 신라나 고려에도 당연히 역사 등의 기록물은 존재했다. 그러나 조선만큼 치밀하지는 않았다. 조선은 역사에 사실만이 아니라 의미까지 부여하는 유교의 춘추사관春秋史觀에 입각해서 상세한 기록물을 만들어 낸다. 이로 인해 우리나라의 유네스코 세계기록유산은 중국보다 많은 16건이나 된다. 이 중 조선의 기록물이 10건이다.

훈민정음(1997) / 조선왕조실록(1997) / 직지심체요절(2001) / 승정원일기(2001) / 조선왕조의궤 (2007) / 해인사 대장경판 및 제경판(2007) / 동의보감(2009) / 일성록(2011) / 광주민주화운동기록물 (2011) / 난중일기(2013) / 새마을운동기록물(2013) / KBS이산가족찾기기록물(2015) / 한국의 유교책 판(2015) / 조선왕조어보(2017) / 국채보상운동기록물(2017) / 조선통신사기록물(2017)

『훈민정음』　　　　『직지심체요절』

『동의보감』　　　　『조선왕조의궤』　『일성록』

한국의 유교책판　　〈KBS이산가족찾기기록물〉

〈국채보상운동기록물〉

있는데, 이는 조선이 중농정책을 전개하면서 경제력이 원활하지 못했기 때문이다. 이와 같은 상황은 조선의 건축이 후대의 것이기 때문에 당연히 고려의 건축보다 발전했다는 인식을 수정하게 한다.

사실 동아시아는 서구의 영향을 받기 이전 수작업에 의존하는 상황에서는 신라나 고려나 조선이나 기본적인 배경에서는 별반 차이가 없다. 다만 누가 더 자본을 집중해서 쓸 수 있느냐에 따라서 결과물의 차이가 발생하는 정도라고 이해하면 되겠다.

② 주심포와 다포에 내재된 미감의 차이

고려시대 건축물과 조선의 건축물에서 가장 크게 차이가 나는 것은 공포 즉 주심포柱心包와 다포多包라고 할 수 있다. 주심포가 건물의 기둥 위에만 포包를 배치하는 것이라면, 다포는 기둥과 기둥 사이에도 포를 넣어 건물을 보다 화려하게 보이도록 하는 것이다. 주심포에서 다포로의 이동은 고려 말의 원 간섭기 후기에 나타나는 변화이다. 즉 유행의 패턴이 달라진 셈이다.

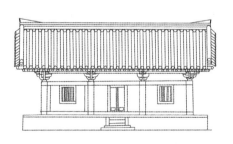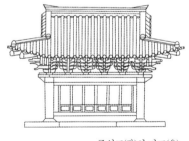

주심포(좌)와 다포(우)

4. 고려의 건축과 조선의 건축

한옥 건축은 주춧돌 위에 기둥을 세우고, 이 기둥들을 위쪽에서 짜 맞춰^{결구} 서로 맞물리게 해서 안정감을 부여한다. 이 과정에서 기둥 상부가 복잡한 연결 구조를 가지게 된다.

또 한옥 건축에서는 기와와 기와를 받치는 진흙 등의 무게가 무겁고, 여기에 비가 와서 기와가 젖거나 눈이 쌓이는 경우 등도 고려해야만 한다. 즉 지붕의 막대한 무게를 분산시켜 수직의 기둥들에 효율적으로 전달할 수 있는 구조를 요청받게 되는 것이다. 이 부분은 한옥 건축에 있어서 안정성을 좌우하는 가장 중요한 핵심이 된다.

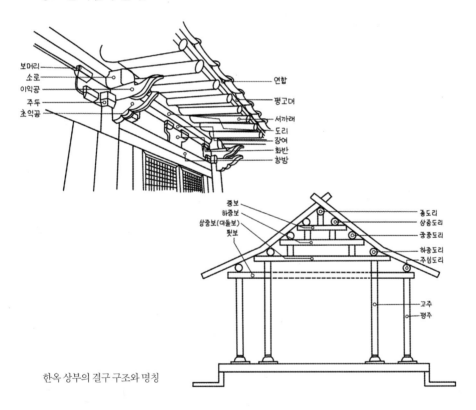

한옥 상부의 결구 구조와 명칭

이 문제를 일차적으로 처리하고 힘을 고르게 분산하는 역할을 하는 것이 바로 서까래이다. 그러나 서까래에 의해 분산된 무게는 결국 기둥 위로 모일 수밖에 없다. 이 힘의 전달 과정이 무리 없이 전개될 수 있도록 하는 완충재의 역할을 하는 것이 바로 기둥 위의 복잡한 결구 방식이다. 즉 쇠못과 같이 간단하고 단단한 연결방식을 사용할 수 없기 때문에 복잡한 짜맞춤 구조가 요청되는 것이다. 이러한 기둥 위의 복잡한 결구는 한옥의 특성상 밖으로도 드러날 수밖에 없는데, 이를 미적으로 아름답게 조화시킨 것이 바로 주심포이다. 즉 주심포는 건축적인 필연성에 의해 탄생한 장식적인 측면인 것이다.

다포는 이러한 주심포의 아름다움을 주심포와 주심포 사이인 빈 공간에도 빼곡이 채워 미감을 극대화한 건축 유형이다. 주심포에 비해 다포는 훨씬 더 화려하다. 동시에 주심포의 심플한 미감이 다포에서는 사라지게 된다. 또 처마 장식이 지나쳐 건물이 둔중해 보이는 측면도 발생한다. 즉 주심포와 다포 건축은 '심플한 멋스러움'과 '화려한 미감'의 차이로 대별되는 것이다.

다포의 시작은 고려 말부터 나타난다. 다만 당시에는 주심포가 일반적이었는데, 조선시대가 되면서 다포의 비중이 확대되고 주심포가 사라지게 된다. 그러므로 조선의 건축물은 다포로 대변되고, 고려의 건축은 주심포로 상징되는 것이다.

현존하는 고려의 건축물을 보면, 간결한 선에 의한 공간분할이 무척 돋보인다. 이는 건물의 측면에서 더욱 두드러진다. 음식으로 말하자면, 원재료의 맛이 잘 살아나도록 배려했다고 할 수 있는 것이 고려 건축이다. 이에 비해 조선의 건물은 음식으로 말하면 간이 좀 강하다고 할 수 있다. 즉 조금 과장된 듯한 모

강진 무위사의 극락보전(주심포)

양산 통도사의 극락보전(다포)

IV. 전각이란?

습이다.

　이러한 두 가지 방식 중 어떤 것이 더 좋다고 말할 수는 없다. 다만 두 가지 미감에는 분명한 차이가 존재하며, 문화적인 흐름과 결코 무관하지 않다는 것은 분명하다.

③ 고려 건축물에 내포되는 문제점

고려와 조선의 건축을 한마디로 대비하면 간결함과 화려함이라고 할 수 있다. 그러나 고려 건물을 간결함이나 단아함만으로 규정하기에는 반드시 해결해야 할 문제점이 있다. 그것은 '현존하는 고려의 건축물들이 과연 고려 건축을 대변할 수 있느냐.' 하는 점이다.

　고려시대 최고의 건축물들은 당연히 수도인 개경에 있었다. 이런 점에서 본다면 현존하는 고려 건물들이 위치하는 곳은 개경과 멀리 떨어진 지방이다. 특히 고려 건축물의 백미라고 할 수 있는 수덕사 대웅전이나 부석사 무량수전이 여기에 해당한다는 점에서 더욱 그렇다. 마치 서북인도의 간다라 불상이 결코 그리스 조각을 대표할 수 없는 것과 같은 측면이 존재하는 것이다. 그리스 조각의 문제는 그리스에 다양한 조각들이 남아 있다는 점에서 쉽게 해결된다. 그러나 고려의 건축은 현존하는 건축물들 외에는 더 이상 비교 가능한 대상이 없다. 즉 여기에는 해소할 수 없는 어려움이 존재할 수밖에 없다.

　그런데 고려불화에, 일부이기는 하지만 배경으로서 건축적인 묘사가 등장하는 작품이 있어 주목된다. 이는 〈관경서분변상도觀經序分變相圖〉 2점을 통해

인도 델리박물관의 간다라 불상

인도 델리박물관의 간다라 미륵상

파리 루브르박물관의 사모트라케의 니케상

파리 루브르박물관의 헤라클레스상

일본 대은사 소장 〈관경서분변상도〉   일본 서복사 소장 〈관경서분변상도〉

서 확인해 보는 것이 가능하다. 〈관경서분변상도〉는 『관무량수경觀無量壽經』의 배경이 되는 서론 부분을 묘사한 그림으로 현재 일본 대은사大恩寺 소장본과 서복사西福寺 소장본이 존재한다.

이를 통해서 보면, 황기와와 청기와를 얹은 화려한 고려 건물의 지붕 기와

4. 고려의 건축과 조선의 건축

선 등이 확인된다. 건물의 다소 과도한 모습과 크게 치켜 올려진 처마선 등에서 중국적인 영향을 읽어 보는 것도 일정 부분 가능하다. 이는 불화의 특성상 외래적 요소의 영향이 존재할 수밖에 없기 때문이다.

그러나 건물이 주심포계라는 점이나, 월대月臺(궁궐의 계단식 섬돌) 및 난간 등의 묘사에는 고려의 요소가 다수 녹아 있어 참고가 된다. 즉 현존하는 고려시대 건물이 7점뿐인 상황에서, 비록 불화이기는 하지만 궁궐에 대한 묘사는 특기할 만한 부분임에 틀림없다.

이외에도 국보 제213호인 고려시대 금동탑 유물 등을 통한 판단도 가능하다. 금동탑 등의 소품이 불교를 더욱 장엄하려는 목적에서 과장되었을 수도 있다. 그러나 이를 통해서 확인되는 것은 고려의 건축이 현존하는 대상만으로 파악되는 간결함만을 추구한 것은 아니라는 점이다. 마치 야나기 무네요시가 『조선을 생각한다』에서 조선의 미감을 '비애의 미'라고 정의한 것과 같은 성급한 일반화의 문제점이 내포될 수 있다는 말이다.

〈관경서분변상도〉와 금동탑은 고려 건축이 추구했던 화려함을 보여 주는 또다른 표현 방식이 존재했을 개연성을 환기시켜 준다. 마치 청자에 화려함과 단아함이 공존하는 것처럼, 건축에도 이와 같은 이중성이 존재했을 것이다. 다만 현존하는 지방 건축 외에 수도인 개경의 최고급 고려 건축에는 모든 인간에게 내재되어 있는 화려함에 대한 추구 역시 분명히 존재했을 것이라는 말이다.

국보로 지정되어 있는 리움미술관 소장의 고려 금동탑

4. 고려의 건축과 조선의 건축

5.
지붕의 형태를 통한 구분

① 검은 파도가 물결치는 지붕 선

지붕은 건물의 정면과 더불어 또 다른 얼굴이 된다. 일반적으로 지붕의 경사도는 대체로 일정하리라 생각하지만, 사실은 그렇지 않다.

북유럽의 지붕 각도는 매우 커서 뾰족하다. 사진은 노르웨이의 베르겐

눈이 많이 오는 추운 쪽은 건물의 경사 각도를 크게 한다. 이는 눈이 많이 쌓여 무게에 의해 건물이 무너지는 것을 막기 위해서이다. 비는 문제가 되지 않지만, 눈은 건물의 안전에 문제를 줄 수 있기 때문이다. 왕궁 건축과 같은 경우도 지붕의 경사 각도가 크다. 지붕의 경사가 크면 건축물이 더 커 보이는 효과가 나타난다. 이를 통해서 왕궁 건축은 상대에게 위압감을 줘 왕실의 권위를 강조하게 된다.

한옥 건축의 지붕은 검은색 기와로 이루어져 있다. 고려시대에는 청자로 만들어진 청기와 건물도 존재했는데, 이는 강진의 청자 가마 유적에서 청기와가 발견되면서 분명해졌다. 말 그대로 청와대와 같은 청기와 건축이 고려에 존재했던 것이다.

청기와를 사용한다는 것은 눈에 잘 띄지 않는 지붕까지도 화려하게 장식하려는 섬세함을 엿보게 한다. 이 경우 건물의 지붕 각도는 보다 가파르게 설계되었을 것으로 추정된다. 아무래도 고급의 청기와를 얹었다면, 밖에서도 잘 보이게 해서 전체적인 건축미를 완성하는 것이 상식적이기 때문이다.

양주 회암사지에서 출토된 청기와 유물

영주 부석사 무량수전의 녹유전
무량수전의 바닥은 원래 녹색 보도블록 같은
방식으로 되어 있었다.

청기와를 이은 제주도 선덕사 건물. 주변의 검은 기와와 대비된다.

경제력과 청자 기술이 퇴보하는 조선에서는 청기와를 얹은 건물이 존재하기 어렵다. 또 조선은 중국의 철저한 제후국이었기 때문에 황제를 상징하는 황기와를 사용한다는 것이 불가능했다. 이 점은 고려의 제4대 광종(재위 949~975) 등이 칭제건원稱帝乾元, 즉 황제를 칭했던 것과는 차이가 있다.

검은색 기와는 미적으로 아름답지 않다. 기와의 아래인 처마에서 확인되는 화려한 단청과 대비해 본다면, 기와의 검은색은 건축의 미감 완성에 도움이 되지 않는다. 이는 우리나라 건축의 지붕이 완만한 경사를 띠는 한 원인이 된다. 즉 각도를 완만하게 하여 검은 기와가 드러나는 비중을 최소화하는 것이다.

물론 여기에는 자연 친화적인 선의 미감도 존재한다. 우리의 건축은 자연을 품은, 자연과 하나 되는 건축이다. 이런 점에서 자연의 선과 같은 완만한 선의 선택은 자연과 조화되는 건축적 완성을 나타낸다고 할 수 있다. 즉 '검은 기와의 문제'와 '자연에 대한 추구'가 지붕 선이 낮고 유려하게 흐르도록 하는 우리 건축의 원동력이 된다는 말이다.

　야나기 무네요시는 일제강점기에 남산에서 서울을 내려다보면, 한옥의 지붕 선들이 마치 '파도치듯 물결치듯 한다.'고 하였다. 이와 같은 장관은 오늘날 대규모 사찰의 높은 곳에서도 목도할 수 있는 풍경이다. 그러나 그것은 검은 파도일 뿐이다. 그렇지만 그 검은색이야말로 그러한 잔잔한 파도를 만들어 낸 한 동인이라는 점은 무척이나 흥미롭다.

평창 월정사의 지붕 선

② 맞배지붕과 팔작지붕의 차이

강우량이 적은 중동의 지붕은 평평하다. 그러나 강우량이 있는 곳의 지붕은 결코 평평할 수 없다. 이렇게 해서 만들어진 가장 단순한 지붕이 바로 '사람 인人' 자 형태를 띤 맞배지붕이다. 맞배지붕은 두 사람이 배를 맞댄 것과 같다는 의미이다. 이런 지붕은 앞에서 보면 검은색의 직사각형 모습이다. 즉 위엄 있어 보이지만 단조롭게 느껴지는 것이다.

또 맞배지붕의 좌우에는 기와를 배치할 수 없다. 기와는 비를 막는 목조건축에 있어서 필총의 삽못이다. 이런 점에서 기와가 없다는 것은 빗물을 막을 수 없다는 것을 의미한다.

이 문제를 극복하기 위해서 가설되는 것이 바로 목재로 된 풍판風板이다. 그러나 풍판은 말 그대로 들이치는 비바람을 막는 거대한 판벽이라는 점에서 눈에 거슬린다. 물론 건물의 배치상 옆에서 볼 일이 별로 없고 전면만이 강조되는 건축물이라면 크게 문제가 되지 않을 수도 있다. 그러나 그렇지 않다면 이 부분은 보다 근본적인 해결책을 요청받게 된다. 이렇게 해서 전면을 강조하면서 좌우로도 처마를 빼 기와를 얹는 방식이 만들어지는데, 이것이 바로 팔작지붕이다.

팔작지붕은 전면에서 봤을 때 한자 '여덟 팔八' 자처럼 생겼다고 해서 붙은 이름이다. 팔작지붕은 좌우로 뻗어 나간 서까래를 감싸는 과정에서, 지붕 선이 꺾이며 훨씬 더 화려한 아름다움을 선사한다. 마치 날개를 편 새가 날아 내려오는 것과 같은 미감이 존재하는 것이다.

이런 점에서 팔작지붕은 맞배지붕이 발전한 형태인 동시에, 건축비도 더 많이 드는 고급스러운 지붕임에 분명하다. 그러나 복잡하고 아름답다고 해서 반드시 좋다고는 말할 수 없다. 왜냐하면 모든 것에는 그 나름의 쓰임이라는 측면이 존재하기 때문이다.

맞배지붕과 팔작지붕을 대비한다면, 맞배지붕은 남성다운 듬직함과 장중함을 내포하는 반면 팔작지붕은 여성스러운 화려함과 날렵함을 갖추고 있다. 또 한옥에는 이러한 두 가지가 적절히 조화를 이루면서 섞여 있는데, 이는 맞배지붕만의 답답함이나 팔작지붕만의 산만함을 극복하는 효율적인 방안이라고 하겠다.

평창 월정사의 다양한 지붕들. 맞배지붕과 팔작지붕 등을 확인해 볼 수 있다.

5. 지붕의 형태를 통한 구분

맞배지붕　　　팔작지붕　　　우진각지붕

솟을지붕　　　팔모지붕　　　사모지붕

한옥의 다양한 지붕 모습들

절병통

IV. **전각이란?**

③ 한옥의 특수한 지붕들

한옥의 지붕은 맞배지붕과 팔작지붕이 기본이 된다. 이외에는 특수한 사례들이 있을 뿐이다. 이 중 대표적인 것이 4각이나 8각형의 정자형亭子形 지붕에서 확인되는 사모지붕이나 팔모지붕이다.

사모와 팔모란 네 모퉁이와 여덟 모퉁이가 모였다는 의미이다. 이 지붕에서 특징은 지붕이 모인 꼭대기에 절병통節瓶桶이라고 해서 호리병과 같은 기와 장식을 올리는 부분이다. 절병통은 절병이라고도 하는데, 마디가 있는 병 모양이라는 의미로, 형태를 그대로 한자화한 명칭 정도이다. 이는 탑의 상륜부가 변형된 형태로 판단되는데, 벽사와 길상의 의미를 내포한다.

4모지붕을 좌우로 길게 늘리면, 절병통과 모임 공간이 사라지면서 밋밋한 모양의 팔작지붕과 같은 형태가 만들어진다. 이를 우진각隅進閣지붕이라고 한다. 우진각지붕이란, 직사각형이 강조된 모습의 각진 지붕이라는 정도의 의미이다. 한옥의 곡선 구조에서는 잘 나타나지 않는 딱딱한 직선 양식이 존재한다는 점에서 우리 문화에는 다소 이질적인 지붕 구조이다. 그렇기 때문에 일반적으로는 잘 사용되지 않고 특수한 목적건물에서 사용되는 모습을 확인해 볼 수 있다.

대표적인 경우가 숭례문이나 흥인지문처럼 전후좌우가 모두 개방된 건물이다. 맞배지붕이나 팔작지붕은 전면만을 강조하는 측면이 강한데 우진각지붕은 단순한 대신 전후좌우 모든 방향의 모습이 비슷하다는 점에서 성문 위의 누각과 같은 곳에서 활용되는 것이다.

숭례문(남대문)

흥인지문(동대문)

Ⅳ. 전각이란?

사당이나 서원 앞에 세우는 솟을삼문

끝으로 언급할 수 있는 특수한 지붕은 제사와 관련된 사당의 솟을삼문과 배전拜殿의 '고무래 정丁' 자형 지붕이다. 솟을삼문은 사당의 정문이 되는 중앙이 솟아 있는 삼문으로 가운데의 문은 일반적으로는 사용하지 않으며, 제사를 지낼 때 열어 신령이 출입하는 전용 문으로 이용된다. 이를 신문神門이라고 하며, 이때 영혼이 지나다니는 길은 신도神道라고 한다. 솟을삼문의 중앙이 솟아 있는 것은 그곳이 보다 신성하다는 점을 두드러지게 표현한 것이다.

다음으로 배전은 왕릉 앞에서 제사를 모시는 제향 공간이다. '절하는 집'이라고 해서 배전이라고 하는 것이다. 배전은 멀리 떨어진 왕릉을 향해 제사를 지내는 건물이기 때문에, 배전의 건축 구조는 북쪽의 능쪽은 평평하고 남쪽은 배향하는 사람들이 서는 공간의 필연성상 자연스럽게 정丁 자형이 된다. 그래서 배전을 정자각丁字閣이라고도 한다.

제례 시에는 왕릉 쪽으로 향하는 문을 열어 놓는데, 이러한 방식은 우리나라 사찰 중 불사리를 모신 적멸보궁에서 불상을 모시지 않고 사리탑이 보이도록 하는 것과 일치한다. 특히 국보 제290호로 지정되어 있는 양산 통도사 대웅전은 건축 구조와 형태가 완전히 배전과 일치하고 있어 주목된다. 이는 제향 공간이라는 동일한 관점에 의해 건축되었기 때문이다.

왕릉의 배전

양산 통도사 대웅전

283

5. 지붕의 형태를 통한 구분

사찰의 걸쇠와 들창문

Ⅳ. 전각이란?

6.
사찰의 문과 문살

① 문과 창의 크기와 활용

문이 출입의 공간이라면, 창은 태양 빛을 실내로 끌어들이는 조명의 요소이다. 그러나 문과 창은 모두 난방열을 밖으로 발산한다는 점에서, 크기가 클 경우 문제가 된다. 즉 문과 창이 크면 난방의 효율이 떨어져 많은 재원이 필요하게 되는 것이다. 이 점이 전통 한옥의 주거공간에서 문과 창이 작게 설치되는 이유이다.

그러나 주거공간이 아닌 문 달린 휴식공간인 제실이나 정자亭子 같은 곳에서는 문이 큼직큼직하다. 그나마도 들창으로 되어 있어 밖으로 들어올려 걸쇠에 길 수 있도록 설게되어 있다. 주간에 주로 사용되는 휴식 건물에는 난방의 필요성이 뚜렷하지 않기 때문이다.

또 들창은 여름에는 빛을 차단하고 시원한 바람의 순환을 위해 사찰의 대웅전 등에서도 일부 사용된다. 사찰의 예불 공간 역시 난방시설이 없는 마루며, 들창을 끝까지 들어 올리면 문이 차양과 같은 역할을 하기 때문이다. 즉 건물의 용도에 따라서 창과 문의 크기와 사용방식이 달라지는 것이다.

② 문과 창이 강조되는 불전

절의 불전은 생활공간이 아닌 기도와 예배를 위한 의례 공간이다. 전 세계의 모든 종교 건축에는 햇빛을 최대한 많이 끌어들여 밝음을 통해 신성함을 강조하려는 측면이 존재한다. 이런 점에서 불전의 창과 문 역시 매우 크고 많아지게 된다.

사찰의 불전을 보면 전면은 큼직한 문과 창이 거의 전체를 차지한다는 것을 알 수 있다. 그런데 좀 더 유심히 보면, 중앙의 한 칸만이 문이고 나머지는 출입이 불가능한 창이라는 것을 알 수 있다. 이 중앙의 용도는 솟을삼문에서 중앙의 신문神門과 같은 역할을 한다. 그러므로 일반인들은 출입이 제한된다.

사찰에서는 불전의 앞쪽을 지나치게 될 경우에는 불전에 모셔진 불·보살상을 향해 합장 반배저두를 하고 지나간다. 이는 어른의 앞쪽과 신도神道를 범한 것에 대해 송구함을 표하는 행동이다. 우리는 전통적으로 어른의 앞을 가로질러 가지 못하고 뒤로 돌아서 가는 것이 예의라고 배워 왔다. 바로 이 부분에 대해서 죄송함을 표현하는 행위인 것이다.

불전의 전면이 거대한 문과 창으로 뒤덮여 있는 것에 반해, 승려와 신도의 주출입로가 되는 문은 건물의 좌우에 작게 설치된다. 이는 실제적인 용도와 위계를 반영한 것이다. 즉 전면은 빛과 장엄의 문제를 고려한 것이며, 좌우에는 실질적인 접근의 관점이 취해지고 있는 것이다. 이러한 이중성은 종교 건축에 내포된 종교적인 측면과 사용적인 부분이 함께 반영된 결과라고 하겠다.

한옥 건물은 면적보다도 몇 칸 건물과 같이 칸으로 구분하고는 한다. 칸이란, 건물의 기둥과 기둥 사이를 가리킨다. 즉 전면 5칸, 측면 4칸 하면 총 20$^{(5×4)}$칸이 되는 것이다. 사극에서 많이 나오는 99칸 집이라는 것은 이런 15칸 건축물이 6채 있는 정도로 생각보다 큰 규모는 아니다.

칸의 한자는 '사이 간間'이다. 즉 간이라고 쓰고 칸이라고 읽는 것이다. 이렇게 되는 이유와 관련해 서는 '본래 간이라고 발음되었다가 칸이 되었다.'는 것과 '3차원의 공간을 의미할 때는 칸이라고 발음하고 2차원의 직선을 가리킬 때는 간이라고 칭한다.'는 것의 두 가지가 있다. 그러나 초가삼간草家三間이나 삼간모옥三間茅屋 등의 표현이 있으니, 간과 칸이 혼용되어 사용되는 것만은 분명하다.

칸의 길이는 건물의 크기나 건물주의 신분에 따라서 일정하지 않다. 왕궁 건물과 일반 민가의 칸에 차이가 있는 것이다. 그래서 칸은 다른 도량형과 달리 길이가 명확하지 않다. 다만 특수한 건축이나 높은 신분자가 아닌 일반으로 봤을 때, 1.8m 정도 된다. 이는 쉽게 구할 수 있는 나무의 두께와 한옥의 지붕에 실리는 무게 등을 고려했을 때, 붕괴의 위험이 없는 안전이 확보될 수 있는 정도의 길이이다.

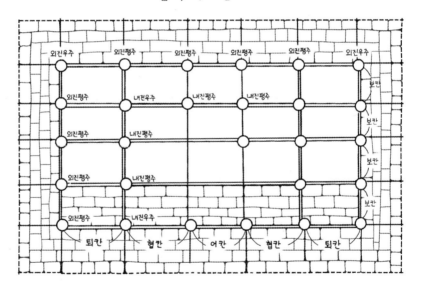

한 옥 의   칸

칸의 의미와 구체적인 명칭

6. 사찰의 문과 문살

③ 꽃으로 장엄된 궁전

창호 즉 창과 문에는 한지를 지탱해 주기 위한 창살과 문살이 필수적이다. 이 살에는 불교 건축과 유교 건축에서 차이를 보이는 부분이 있다. 불교의 살은 사선으로 된 빗살을 사용하는데 이는 미적인 측면과 벽사의 의미를 내포한다. 이에 반해 유교의 살은 바둑판과 같은 정형을 사용한다. 그것은 흐트러짐 없는 올바름을 추구하는 성리학적 정신이 반영된 결과이다. 이와 같은 불교 건축과 유교 건축의 차이가 언제나 지켜진 것은 아니지만 이러한 관점 차이가 불교 건축의 유려함과 유교 건축의 경직성을 만들어 내는 한 배경이 되는 것만은 분명하다.

　불교의 살은 빗살로만 그치는 것이 아니다. 불전의 전면을 장식하는 문과

사찰의 빗살문

서원의 바둑판 창호

창에는 꽃을 새겨 넣어 꽃살문과 꽃살창을 만들기도 하기 때문이다. 살은 격자를 쳐서 서로 맞물려 조립하는 방식으로 만들어지므로 살에는 조각을 새기기가 쉽지 않다. 그러므로 꽃살은 만들어진 살 위에 덧붙여지는 방식으로 제작하는 것이 일반적이다. 이렇다 보니 일반 빗살과 달리 꽃살은 위로 돋아 올라오게 된다. 그래서 이를 '솟을삼문'에서처럼 '솟을꽃살'이라고도 한다.

그러나 일부는 꽃무늬를 결구 방식으로 조각해 맞추는 경우도 존재한다. 이러한 경향은 목공 기계가 발달한 최근에 더욱 두드러지고 있다. 즉 별도로 만들어서 붙이는 것보다 오늘날에는 규칙적인 조각을 통해 맞추는 것이 더 수월한 것이다.

양산 통도사 대웅전의 꽃살문

6. 사찰의 문과 문살

꽃살에는 주로 불교의 상징인 연꽃과 부귀를 나타내는 모란 등이 이용된다. 꽃살은 반복되는 구조를 보이기 때문에 꽃을 위에서 내려다본 조각을 동일한 패턴으로 붙여 넣는 것이 일반적이다.

동아시아의 종교미술은 좌우동형의 표현이 일반적이다. 이는 정제된 화려함의 표현인 동시에, 주변에 정신을 빼앗기지 않고 핵심이 되는 예배 대상에 보다 강력한 집중을 하도록 촉구하기 위해서이다. 그러므로 사찰의 장식에서 발견되는 꽃은 위에서 내려다본 좌우동형을 취하는 것이 일반적이다. 이는 살문이나 살창의 아래쪽 공간에 묘사되는 꽃그림을 통해서도 확인해 볼 수 있다.

또 살문이나 살창의 아래에는 산복 화명을 배치해 위의 꽃살과 상호반향을 이루도록 하기도 한다. 그리고 어떤 경우는 창호에 살을 두지 않고 아예 꽃을 문과 창 전체에 걸쳐 조각하는 경우도 있다. 이는 보물 제832호로 지정되어 있는 영주의 성혈사 나한전 등을 통해서 확인해 볼 수 있다.

사찰의 창호를 꽃으로 장식하는 것은 장엄과 공양의 의미인 동시에 환영의 뜻도 깃들어 있다. 인도에서는 귀한 분을 모실 때 꽃을 뿌리고 향으로 주변과 길을 정화하는 측면이 존재한다. 이는 한국불교 의식문에도 '향화청香花請' 즉 향과 꽃으로 청하는 부분으로 남아 있다. 이런 점에서 꽃의 장엄은 붓다와 사찰을 방문한 우리 모두를 환영한다는 의미를 아울러 내포한다고 하겠다. 즉 불전은 꽃으로 장엄된 모두를 위한 궁전인 것이다.

영주 성혈사 나한전의 문살

6. 사찰의 문과 문살

7.
전돌바닥과 마루

① 신발을 신고 들어가던 불전

온돌은 우리 민족이 발명한 인류문명 최고의 난방 방식이다. 온돌 이전의 화로나 벽난로 등의 모든 난방 형태는 직접난방이며, 이는 산소를 태운다는 점에서 신체의 노화 및 정신에 부정적이다. 그러나 온돌은 간접난방이라는 점에서, 이와 같은 문제를 극복한 획기적인 방식이다. 온돌과 유사한 간접난방 방식의 시원은 고구려를 넘어서 옥저로까지 올라간다. 그러나 온돌이 오늘날처럼 일반화되는 것은 조선 후기에 이르러서이며, 온돌이라는 명칭 역시 19세기에나 확정된다.

온돌의 가장 미스터리한 측면은 이것이 간접난방 방식임에도 불구하고 추운 북쪽에서 유래해서 남쪽으로 전파되고 있다는 점이다. 상식적으로 온돌의 경우 한반도의 남쪽에서 북쪽으로 전파되었을 것 같은데, 유적과 유물이 말하는 것은 고구려에서 고려 그리고 조선을 통한 일반화로 북에서 남으로의 확대이다.

온돌이 일반화되는 조선 후기 이전에는, 우리 역시 중국과 같이 침대와 실

사찰의 불전 바닥을 장식했던 전돌들

백제 문화를 대표하는 전돌인 산수문전

7. 전돌바닥과 마루

내에서도 신발을 신는 문화를 가지고 있었다. 그래서 사찰의 불전에도 신발을 신고 들어가는 것이 보편적이었다. 이는 오늘날 중국의 불전에 신발을 신고 들어가는 것을 통해서 확인해 볼 수 있다.

실제로 조선 후기 이전에 건축된 불전들은 바닥이 마루가 아닌 보도블록과 같은 전돌을 깔고 있는 경우가 일반적이다. 이는 당시 불전에 신발을 신고 들어가기 위해, 나무 바닥이 아닌 벽돌 바닥이 설치되어 있었기 때문이다. 전돌과 신발은 함께 연결되는 문화이다. 신발을 신는 공간에 마루를 깔면, 내구력의 문제로 금방 지저분해지고 주기적인 교체 필연성이 대두하기 때문이다. 그러므로 마루는 맨발 혹은 버선과 연결되는 것이다.

② 온돌로 인한 사찰 문화의 변화

온돌의 일반화는 우리의 주거 문화를 대폭 바꾸게 된다. 그 대표적인 것이 실내에서 신발을 벗는 문화이다. 또 절하는 방식도 엉거주춤한 중국 식의 절 형태에서 바닥에 납작 엎드리는 방식으로 변모하게 된다. 이러한 변화는 절을 할 수 있는 바닥이 온돌의 보편화로 인해 깨끗해졌기 때문이다. 즉 온돌의 보편화가 예법의 방식을 바꾸게 한 것이다.

절은 인도에서 불교를 타고 들어온 예경 방식이다. 절이 중국의 전통 예법이 아니라는 것은 오늘날 이슬람의 무슬림들이 메카를 향해 절을 하는 모습을 통해서 단적인 판단이 가능하다. 또 절이 불교를 타고 들어온 인도의 예경 방식이기 때문에, 불교의 사찰을 '절하는 집'이라는 의미에서 절이라고 했다는 견해도 있다. 절하는 집이라는 말을 한자로 바꾸면 '예배당禮拜堂'이 된다. 즉 오늘날 기독교에서 예배를 본다는 등의 표현은 이러한 절 문화에서 유래한 것이다.

또 절의 방식이 바뀌면서 목탁 역시 아래쪽에 구멍이 뚫리며 손잡이의 용도가 보다 확고해진다. 이는 납작 엎드리는 절을 하는 과정에서 목탁을 떨어뜨리지 않아야 하는 필연성에서 변형된 측면이다. 우리는 흔히 목탁 하면 불교의 상징이라고 생각하여 동아시아불교권 전체에 존재할 것으로 생각한다. 그러나 목탁은 한국불교에만 있는 특징적인 신호 용구이며, 이는 온돌이 절하는 방식을 바꾸면서 우리 식으로 변형된 것에 기인한다.

중국불교는 오늘날까지 전각 안에서 신발을 신는 입식 문화를 유지한다. 그러므로 우리의 목탁 대신 일어서서 놓고 치는 목이를 사용한다. 중국의 목어는 손잡이가 뚜렷하지 않은 부분만 제외하면 우리의 목탁과 흡사하다. 즉 중국불교의 목어가 온돌의 보편화 이후인 조선 후기에 목탁으로 리모델링되는 것이다.

중국 사찰의 목어

참고로 목탁은 청동기 시대에 제사장이 사용하던 권위를 가진 신호 용구로, 『논어』 「팔일」에는 "하늘이 장차 공자를 목탁으로 삼을 것이다."라는 구절도 있다. 목어의 명칭이 목탁이 되는 것이 조선 후기의 변화라는 점에서, 『논어』의 영향이 존재하는 것이 아닌가 한다.

③ 난방이 허용되지 않는 종교 공간

온돌로 인해 실내에서 신발을 벗는 문화가 일반화되자, 불전에서 역시 신발을 벗는 방식이 주류가 된다. 그러나 보도블록 같은 전돌이 깔려 있는 상태에서 신발을 벗게 되면 발이 매우 차다. 이로 인해 불전에는 마루가 깔리게 된다.

동아시아 전통에서는 신성한 건물에 난방을 하지 않는다. 이는 두 가지 이유에서다.

첫째는 신주를 모셔 놓는 사당과 제향 공간인 재실 같은 조상숭배와 관련된 측면이 먼저 있었기 때문이다. 사당과 재실인 사재祠齋는 죽은 사람들의 공간이다. 그렇다 보니 양기가 강한 난방은 불가능하다. 특히 온돌 이전에는 불을 통한 직접난방이었다는 점을 고려한다면, 불과 귀신의 관계가 서로 충돌한다는 점을 생각해 보는 것은 어렵지 않다. 이와 같은 배경 속에서 불교가 들어오게 되기 때문에, 불교는 조상신과 같은 죽은 이에 대한 숭배 구조가 아님에도 불구하고 선행문화를 답습해서 불전에 난방을 하지 않게 된다.

둘째는 신성한 공간에 자칫 발생할 수 있는 화재의 문제이다. 과거에는 신주나 불상에 실제로 영적인 존재가 깃들어 있다고 생각했다. 임진왜란 당시 선조가 피난을 가는 도중에도 종묘의 신주를 모시고 갔다는 것은 이와 같은 인식을 잘 나타내 준다. 그러므로 함부로 불을 지펴 화재의 위험을 만드는 것은 당연히 금기될 수밖에 없다.

신발을 벗어야 하는 상황에서 불전의 난방이 불가능한 모순을 극복하는 것이 바로 마루이다. 마루는 아래에 빈 공간을 두어 공기층을 통해 냉기를 차단하는 방식을 사용한다. 이로 인해 부분적으로나마 추위를 이기는 것이 가능해진다. 즉 온돌에 의한 주거 혁명은 불전의 바닥과 예경문화 전반을 변모시키는 강한 충격을 주었던 것이다.

8.
불·보살을 모신 전각과 명칭

① 무한한 시간 속의 붓다

불교의 교조는 석가모니이다. 그럼에도 불교에는 다양한 붓다들이 존재한다. 이는 붓다가 특별히 누구를 지칭하는 고유명사가 아닌, 진리를 깨달아 아는 사람 전체에 대한 보통명사이기 때문이다. 실제로 붓다라는 의미는 '깨달은 분'이라는 뜻으로 이를 한자로 번역할 때는 각자覺者라고 쓴다.

진리를 증득한 사람이 붓다라는 의미는 석가모니 이전의 과거와 이후의 미래에도 다양한 붓다가 존재할 수 있다는 것을 의미한다. 이를 흔히 과거세와 현재세 그리고 미래세의 붓다라고 해서 삼세불三世佛이라고 한다.

시간은 무한하기 때문에 삼세불은 당연히 헤아릴 수 없을 정도로 많게 된다. 이로 인해 불교는 과거 시간을 대표하는 장엄겁莊嚴劫의 1천불과 현재 시간을 대표하는 현겁賢劫의 1천불, 그리고 미래 시간을 대표하는 성수겁星宿劫의 1천불 해서 도합 3천불을 제시한다. 이분들을 모신 공간이 바로 삼천불전이다.

또 3천불을 축약해서 1천불로도 모시는데, 이렇게 되면 불전의 명칭은 천

불국사 대웅전의 삼존불(수기삼존-삼세불)
좌(우보처 자리에 위치함)-제화갈라보살, 중앙-석가모니불, 우(좌보처 자리에 위치함)-미륵보살

칠곡 송림사의 천불전

불전이 된다. 여기에서 더 축약해, 현재의 석가모니를 중심으로 과거의 연등불(제화갈라보살)과 미래의 미륵불(미륵보살)의 세 분을 모시기도 한다. 이를 (약식)삼세불이라고 하며, 이분들을 중심으로 석가모니의 제자인 아라한들을 모신 불전이 영산전과 팔상전 그리고 응진전과 나한전이 된다. 이들 전각은 과거에서 미래로 이어지는 깨달음의 상속을 상징한다고 하겠다.

② 다양한 공간 속의 붓다

시간적으로 많은 붓다들을 생각해 볼 수 있다면, 공간적으로 많은 붓다를 생각해 보는 것 역시 어렵지 않다. 기독교나 이슬람은 우주 전체에서 지구에만 생명체가 존재한다고 생각한다. 그러나 불교는 우리 인간의 세계를 다양한 우주 속에 존재하는 아주 작은 부분으로 인식한다. 즉 우리 외에도 다른 세계가 엄청나게 많이 존재할 수 있게 되는 것이다. 그리고 그 세계들 속에는 깨달음의 완성자인 또 다른 붓다가 존재한다는 판단이 가능하다. 이러한 다른 세계 속에 존재하는 붓다들을 다른 세계 속의 붓다라는 의미에서 타방불他方佛이라고 한다. 붓다가 진리의 완성이자 깨달음의 추구자라면, 우주의 어떤 문명 속에도 존재할 수 있다는 관점이다.

타방불로 가장 유명한 분은 서방의 극락세계에 계시는 아미타불과 동방 유리광세계 속의 약사여래불이다. 이들 붓다가 서방과 동방 세계 속에 위치하게 하는 중심은 바로 석가모니이다. 동방과 서방이란, 우리가 있는 이 세계를 기준으로 하는 방위일 뿐이기 때문이다. 그러므로 중앙방의 석가모니를 중심으로

직지사 대웅전의 삼존불(삼계불)
서방-아미타불, 중앙-석가모니불, 동방-약사여래불

좌측인 서쪽에 아미타불과 우측인 동쪽에 약사여래를 모셔서 타방불의 상징으로 삼게 된다. 이를 세 분의 붓다라는 의미에서 삼존불三尊佛이라고 한다.

그러나 삼존불은 세 분의 존상이라는 뜻이므로, 의미가 뚜렷하지 않다. 즉 앞선 삼세불도 삼존불의 범위에 포함될 수 있다는 말이다. 이로 인해 '세계世界'라는 한자의 구성이 시간을 나타내는 '시간 세世' 자와 공간을 의미하는 '공간 계界' 자로 구성되어 있다는 점에 착안해 전자를 삼세불, 후자를 삼계불로 구분하기도 한다. 또는 타방불은 방위에 의한 것이라는 점에서 삼방불(서-중앙-동)이라는 명칭도 필요에 따라서는 가능하다. 왜냐하면 불교에는 4방불이나 5방불이 동아시아 전통에서는 좌우 관계에 입각해, 중앙에서 좌측을 넘버 1이자 주인 위치로, 우측을 넘버 2이자 손님 위치로 비정한다. 이로 인해 부처님을 모시는 좌우보처 중 좌보처가 우보처보다 높으며, 신중도神衆圖는 주인석인 좌측에 걸리게 된다. 우측은 감로단甘露壇 즉 돌아가신 분들을 모시고 49재 등을 지내는 추모 공간으로 사용된다. 돌아가신 영가靈駕는 49재 등이 끝나면 떠나가는 임시적인 손님일 뿐이기 때문이다.

이런 좌우의 위치는 불교 이전의 동아시아 전통문화에 의한 것이다. 그러므로 궁궐에서 세자는 임금의 좌측인 동쪽에 살게 된다. 이런 세자가 사는 궁을 동궁東宮이라고 하고, '동궁 저하'에서와 같이 이를 세자를 가리키는 명칭으로 사용하기도 한다.

동쪽이 아들의 거주 공간인 것과 반대로 사위는 서쪽 즉 집의 우측에 거처를 준다. 이로 인해 서쪽 방위에 있다고 해서 '서방西方'이라는 말이 나오게 된다. 예전에는 사위를 서방이라고 불렀고, 여기서 파생된 말이 아내가 남편을 서방님이라고 부르는 호칭이다.

아내가 남편을 서방님이라고 부르는 것은 '나와는 다른 핏줄'이라는 의미'이다. 그러므로 남편의 동생 즉 시동생도 서방님이 될 수 있는 것이다. 언뜻 보면 남편과 시동생이 같은 서방님으로 불린다는 것이 이상하지만, 여기에는 이와 같은 재밌는 사연이 존재하고 있다.

그러나 후대에는 서방의 의미를 잘 알지 못했기 때문에, 같은 발음의 '서방書房' 즉 글방 혹은 글공부를 많이 한 분이라는 의미로 한자 표기가 바뀌게 된다. 서방西方이 서방書房으로 바뀐 것이다.

라는 말이 밀교의 만다라와 관련해서 이미 일반화되어 있기 때문이다.

타방의 다양한 붓다들 중에서 유독 '아미타불 – 석가모니불 – 약사여래'의 세 분만을 주로 모시는 것은 가람배치와 불전이 남향을 취하고 있기 때문이다. 즉 남북을 축으로 하는 남향의 구조에서 좌우로 벌릴 경우에 방위는 당연히 동서가 되는 것이다.

석가모니를 중심으로 세 분의 붓다를 모신, 즉 삼존불을 모신 불전을 대웅보전大雄寶殿이라고 한다. 대웅전은 석가모니를 중심으로 좌우에 문수보살과 보현보살을 모시는 불전이다. 즉 1불과 2보살이 모셔져 있는 것이다. 이에 반해 공간적인 3불이 모셔져 있는 경우는 한 단계를 높여 대웅'보'전이라고 한다.

남해 용문사의 아미타삼존(서방삼성)
좌(우보처)-대세지보살, 중앙-아미타불, 우(좌보처)-관세음보살

부산 혜원정사의 약사삼존
좌(우보처)-월광보살, 중앙-약사여래불, 우(좌보처)-일광보살

8. 불·보살을 모신 전각과 명칭

또 아미타불과 약사여래는 각각의 독립된 신앙 대상으로도 인기가 있기 때문에, 일정 규모 이상 되는 사찰에서는 별도의 부속 불전에 모셔지기도 한다. 이때 아미타불은 관세음보살과 대세지보살이 좌우보처로 모셔진다. 이러한 전각 명칭을 무량수전·극락전·수광전·미타전이라고 한다. 또 약사여래는 일광보살과 월광보살이 좌우보처로 모셔지는데, 이러한 전각 명칭은 보광전·약사전·유리전이라고 한다.

중국불교에서는 아미타삼존을, 서방의 극락세계에 계신다고 해서 서방의 세 분 성인이라는 의미로 서방삼성西方三聖이라고 부른다. 그렇다면 약사삼존을 동방삼성東方三聖이라고 칭하는 것도 일정 부분 가능하지 않을까 한다.

③ 삼신불과 다양한 전각들

삼세불과 삼계불은 시간과 공간적인 무수한 붓다를 함축적으로 상징한 것이다. 그런데 이와는 달리 불교 철학적인 관점에서 붓다의 속성을 통한 구분을 시도하는 측면도 있어 주목된다. 여기에서는 '붓다의 본질적인 완전함 즉 완전성을 법신法身'이라고 하고, '붓다의 이상적인 측면 즉 이상성을 보신報身'이라고 하며, '붓다가 모든 곳에서 드러날 수 있는 다양한 변만성을 화신化身'이라고 한다. 이를 세 가지 몸이라고 해서 삼신불三身佛이라고 한다.

삼신의 관점은 다소 어려울 수도 있지만, 현실적으로 대입해 보면 의외로 쉽다. 토끼를 예로 들면, 우리가 생각해 볼 수 있는 이상적인 토끼는 법신이다. 그리고 현실에서 가장 아름답고 마음에 드는 토끼는 보신이다. 끝으로 산과 동

물원 등지에 산재해 있는 토끼는 화신이 된다.

삼신불은 구체적으로는 '법신-비로자나불·보신-노사나불·화신-석가모니불'을 일컫는다. 배치는 법신을 중앙으로 좌우에 보신과 화신이 모셔진다. 삼신불은 해인사처럼 화엄종과 관련된 사찰의 주불전에 모셔지는데, 이럴 경우 전각 명칭은 대적광전大寂光殿이나 대광명전大光明殿이 된다. 법신 비로자나불은 굳이 화엄종 사찰이 아니더라도 일정 규모 이상의 사찰에서는 부속 불전에 모셔지기도 한다. 이때는 전각 명칭이 비로전이나 화엄전이 된다.

이외에 사찰에는 붓다를 돕는 중요한 보살들을 모신 전각도 다수 있다. 대표적인 곳으로 관세음보살을 모신 원통보전·원통전·관음전과 지장보살을 모

해인사 대적광전의 내부 모습

신 지장전·명부전·시왕전 그리고 미륵보살을 모신 용화전·미륵전 등을 들 수
가 있다.

또 불·보살을 모신 전각은 아니지만 사찰과 관련해서 빼놓을 수 없는 곳으
로, 북극성이 불교화된 치성광여래熾盛光如來와 그 좌우로 산신(혹 용왕)과 독성
을 모신 삼성각, 그리고 산신만을 따로 독립해서 모시는 산신각·산령각이 있다.

양산 통도사의 관음전

양산 통도사의 명부전

307

8. 불·보살을 모신 전각과 명칭

공주 갑사의 삼성각

대구 부인사의 산신각

양산 통도사의 용화전(미륵전)

8. 불·보살을 모신 전각과 명칭

사진출처

경주국립박물관_ 63 ∣ 국립부여박물관_ 293 ∣ 국가문화유산포털_ 308 ∣
국립중앙박물관_ 130 198 ∣ 국립문화재연구소_ 194 ∣ 남북저작권센터_ 260(상,중) ∣
리움미술관_ 271 ∣ 문화재청_ 200(중,우) 201(중,우) 202(중,우) 204(상) 227 238(상) 257
258(좌하) 291 ∣ 바르후트박물관_ 91 ∣ 여실화_ 12(하) 16 18 23 34 38 40 45(상) 58(상)
61 74 76 77 83 90 119 127(하) 133(하) 181 199 211(상) ∣ 우현_ 280 283 ∣
통도사성보박물관_ 71 72 73 ∣ 한국관광공사(김지호)_ 192(상) 204(하) 266(상) 301 ∣
한국관광공사(라이브스튜디오)_ 258(우하) ∣ 한국관광공사(박성근)_ 309(상) ∣
한국관광공사(전형준)_ 200(좌) 258(좌상) 284 ∣ 그 외 이미지 저자 제공

세상에서 가장 쉬운
사찰과 불탑 이야기

초판 1쇄 발행 2022년 6월 25일
초판 5쇄 발행 2023년 11월 24일

❋

지은이   자현

펴낸이   오세룡
편집   박성화 손미숙 윤예지 여수령 허승 정연주
기획   곽은영 최윤정
디자인   쿠담디자인
              고혜정 김효선 최지혜 박소영
홍보·마케팅   정성진
그림   김민지

❋

펴낸곳   담앤북스
              서울특별시 종로구 새문안로3길 23
              경희궁의 아침 4단지 805호
              대표전화 02)765-1251(영업부) 02)765-1250(편집부)
              전송 02)764-1251
              전자우편 damnbooks@daum.net

❋

출판등록 제300-2011-115호

❋

ISBN 979-11-6201-053-2 (03910)
정가 20,000원

❋